# 老人ホームに恋してる。

介護職1年生のめくるめく日常

大塚紗瑛

# はじめに

こんにちは、大塚紗瑛《おおつかさえ》と申します。

私は特別養護老人ホームで介護職員として勤務し、今年で2年目になります。大学を卒業してすぐに就職しているのですが、実は福祉系大学ではなく芸術系大学に通っていました。

芸術系大学を卒業し、悩んで決めた就職先が老人ホーム。周りからは「どうして介護の仕事に？」と質問の嵐でした。当時の私は、「自分らしさを活かして働けて、楽しいと思える仕事がしたい」と考えながら就職活動をしていました。そして出会ったのが偶然この仕事だったのです。

この本を作るきっかけとなった絵日記は私が老人ホームで見つけた面白いことだったり、優しい言葉だったり、働いていて考えたことなどを描いています。のちに自分のためになるように。介護の仕事が色々な可能性を持てる小さな一歩になるように。そして、家族や知人に私が元気に仕事を頑張っていることが伝わるように。

未熟なりにも、素直な気持ちで描きました。

この絵日記を読んで共感、新たな気づき、疑問、批判、なんでもよいです。皆さまの中で「介護」について何かを考えるきっかけになってもらえればいいなと思います。

# アセスメント

記入日 R1 年 10月 3 日

| フリガナ | オオツカ　サエ | 生年月日 | H 7 年 11月 1日 (23歳) |
|---|---|---|---|
| 氏名 | 大塚 紗瑛　(男・女) | 出身 | 静岡　都道府県 |
| 生活歴 | 静岡県で生まれ静岡県で育つ。小さい頃から絵を描くことが好きで高校は美術科がある所へ通う。その流れで京都の芸術大学へ進学。大学では保育と芸術の2つの分野を学べる学科を専攻。幼稚園教諭の免許を取得するが、実習で仕事量の多さを知ったり、虫が触れられなくて自分には無理だと思い、保育の道を断念。悩みに悩んで就職先も決まり大学も卒業。現在は地元の静岡県で特別養護老人ホームに勤めて 2年目になる。 | 家族構成 | 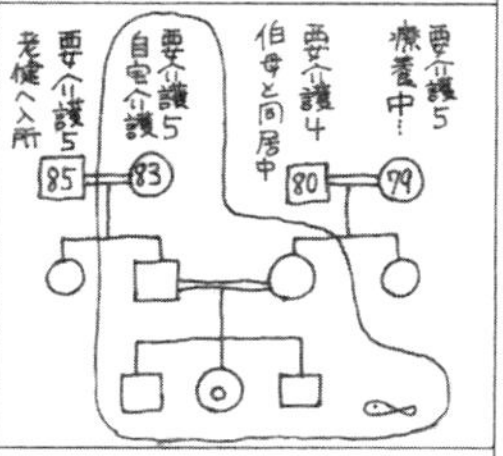  |
| | | 免許・資格 | 社会福祉主事任用資格<br>幼稚園教諭一種免許<br>普通自動車の運転免許 |

## だいたいの見た目とか

### 好きなもの・こと

- チーズケーキ
- 本
- 国内旅行
- 犬
- カラオケ

### これからやりたいこと

- 介護福祉士の資格取得
- 個展
- 雑誌とかでイラストを描く
- ウクレレ
- 部屋の模様替え

# もくじ

# 芸大を卒業して介護の仕事に就いた理由

きっかけは実家にいる祖父母でした。

私の実家には、父方の祖父母が一緒に暮らしていました。私が高校３年の頃、祖母が脳《のう》梗《こう》塞《そく》で倒れてから以前のように会話はできるものの右半身麻《ま》痺《ひ》になり、現在も実家で母が主に介護をしています。祖父も過去に何度か脳梗塞になっていましたが、麻痺もなく日常生活を送れるほどでした。しかし、祖母が倒れてから祖父の容体も緩やかに悪くなっていき、医師から認知症と診断されました。祖父は祖母と買い物に出かけることが好きでしたがそれも出来なくなり、家にこもりがちになり、環境の変化がストレスになったのだと思います。

急に怒り出すことが増え、次第に会話が成立しなくなりました。そしてものの使い方や時間がわからない、夜中に徘《はい》徊《かい》するなど日常生活が困難になり、だんだんと母の負担が大きくなっていきました。そうして私が大学４年生になった頃、＊1老健《ろうけん》へ入所しました。

初めは母が祖母の介護をしている姿を見て、家族にもうひとり介護が出来る人がいれば母も楽になるかなと思い介護に興味を持ちました。けれども、私の介護に対するイメージも世間で言われているような「大変」とか「きつい」というものでしたし、何より絵を描く仕事がしたかったので就職までは考えられませんでした。

そんな時、大学の就職説明会で美大を卒業して福祉の仕事に就いた方の話を聞く機会がありました。その中で「福祉の仕事はクリエイティブ」という先輩の言葉に惹《ひ》かれ、＊2特養《とくよう》のインターンシップに参加しました。そこで利用者のおばあちゃんたちと出会い、優しい職員さんと仕事をしました。このインターンの最終日、私は介護の仕事に就くことを決めました。

＊1　老健…介護老人保健施設の略。詳しくは P.196,197「用語解説」へ

＊2　特養…特別養護老人ホームの略。詳しくは P.196,197「用語解説」へ

## やりたいことって?

介護の仕事に就こうと決めたのは大学3年の後半くらい。あと数カ月で本格的に就活が始まる!って時でした
あ〜〜〜〜〜
Let's 発見
志望理由は?
長所はなあに?
短所は?
就活どうしよ〜〜〜
働きたくなぁ〜〜〜い
大学入学時に「卒業後は作家になりたいな〜」とぼんやり考えていましたが
10
社会経験をしたいとか制作費用がほしいとかあと何より奨学金の返済もあったので現実的に考えて就職を決めました

とは言うものの…
やりたいことっていうか
モヤ
仕事で自分の絵が活かせればよくって
ていうことは制作業界？
モヤ
モヤ
でもマンガとか絵日記ってかんじじゃない…
出版業界は自分の本を出すんじゃないし
あれ…
わたし就職向いてなくない？
ずーーん
絶望
お～～～い

はいよ〜〜 おばあさん 今行くよ〜〜
ちょうど そんな時でした
なんだね
向きかえる?
いいよ

母が実家で
祖母の介護を
している姿を見ました
呼ばれる度に部屋行って
身の周りの世話をして
家事もしなくちゃいけなくて…
…私が介護できるようになれば
お母さんも少しは楽になるかな
最初に興味を持ったのは
こんな感じでした

とはいえ「じゃあ介護の仕事をしよう!」とは考えられませんでした
いや〜〜〜
でもキツいって噂だしぃ〜〜?
他人の世話なんて出来るかわからんし〜〜〜
なによりわたし、芸大生だもん
絵を描きたいんだよ
世間で言われているマイナスのイメージが少なからずありましたし
当時は芸大卒から介護の仕事なんて想像出来ませんでした
はぁ

そんな時
福祉の仕事についての
説明会が
大学でおこなわれることを
知りました
福祉職
セミナー
うちの大学でやるよ
2017.11.1 (水)
ほえ〜〜〜
こんなのあるんだ
あら しかも
芸大卒のひとが
来てくれるのね
ちょっと
興味あるし
聞くだけ聞いてみたい
キャピ
私も!!
じゃあ一緒に
行きましょ〜〜
キャピ
キャピ
オッケー〜〜
↑大学時代のお友達のマユミちゃん。今でも文通する仲です。
そして当日
元気に
ドタキャン
しやがった
ゴメン
寝過ごして
間に合わないや

えーではでは
時間になったので
始めたいと思います〜
芸大卒で
老人ホームに
勤務している
田中さんです
ぺこりんちょ
田中です
バトンタッチ
早速ですけれど
これを
見てください
?

これ机なんですけれど
実はボクが職場で作りました
たはは
ほげぇ〜
すごいな――!!
マジか〜!!
ボクは大学で家具とか生活雑貨をデザインする学科で学んでいて
職場で利用者さんに合った机が必要になったとき大学時代の経験が役に立ったんです

それで ボクが作った 机を実際に 使ってくれて
「ああ これなら ご飯が食べやすいよ」って喜んで くれたんです
工作が得意な人は 一緒に ワークショップしたり
音楽が好きな人は 楽器で演奏を 披露したり
利用者さんが 喜んでくれるなら なんでもアリなんです
だから 福祉の仕事って みんなが思っているよりも
すごく クリエイティブ なんです

※インターンシップ…… 学生が実際に企業で就業体験すること

世間でマイナスのイメージが強い介護業界ですが本当にそれだけなのかは自分の目で確かめたいと思いました
汚い
体力仕事
大変
精神的にきつい
暴力
給料低い
長時間労働
暴言
もしかしたらやりたいこと出来るかもだし
参加したいです、と
行っといて損はないでしょう
そんなこんなで大学3年の春休み
さむーい
3日間特別養護老人ホームのインターンシップに参加しました

インターン先の細かい情報は忘れてしまいましたが
とにかくフロアーが明るくてキレイだったことと若い職員さんが多かったことが印象的でした
と、特養すげぇ～～!!
めっちゃ広いし明るくて新築みたい!!
あそこがおフロだよ
あと、すっごい木の香りする!!!
じゃあそしたら～～大塚さん
!!
ハイッ
とてもひと見知り
利用者さんとちょっと関わってみよっか
エッ…

大丈夫だよ
お話できる方
ばかりだし
じゃあ
ゆっくりしてて
また戻ってくるからね
天野さーん
はーーい！
エッ

突然の放ったらかし
どうしよう どうしたらいいの この状況
あわわわわ
わわわ
とりあえず あいさつしたら いいのかな…？
こんにちは
こんにちは
ぱっ
にー
!!!

よかった〜 あいさつ返してくれた
あんた見ない顔だね
あっ 今日から3日間だけお世話になります
あら そう〜!
いま何していらっしゃるんですか?
ああ これ?
わたしは仏像が好きでね
仏像の絵を描いてたのよ
仏像のイラスト帳
どぱーん
とてもマニアックな!!!
そんな本あるんだね!!!

うわーすごい
しかもめちゃ細かい
仏像イラスト帳
そうなのよー
こーゆーのは何冊も買わずに1冊をじっくりやれば上達するんだよ〜
ほえ〜〜
線もキレイ
そうでしょう
こーゆーのはね何冊も買わずに1冊をじっくりやれば上達するの！
大変じゃなかったですか？
私もさいしょ難しかったよ
でもね
こーゆーのは何冊も買わずに1冊をじっくりやれば上達するんだよ
へえ
同じこと3回も言ってたな
きっと熱く伝えたいことだったんだろう
このひと…は
なんかちょっと怖いし、きっと話せないからそっとしておこう…

ごめんね おまたせ〜〜〜
あ 小林さん!!
ん?
今日も ぎゅってしてほしいです
いいよ
ばっ
ぎゅっ
ありがとう

じゃあ次に下のフロアーを案内するね
ハイ!!
は、
インターン中は施設環境の説明をきいたり現場の様子を見学したり
あら写真…
これはね
外出したときのもので〜
おない年の介護士さん
職員の方々からお話をうかがったり
ご利用者と関わる時間を設けてくださいました
あんたは兄弟はいるの?
いますよ兄と弟がひとりずつ
へえ!!じゃあ女の子ひとりかね!かわいいねえ〜

ばた
ばた
こっち手伝って〜
忙しそう…
でもここに居てって言われたし
?
Q現場が忙しそうだけど利用者と話していいのかな…?
オレも勤務して1ヵ月は業務よりも利用者とゆっくり話すことを優先しろって言われたよ
後ろめたかったけど利用者のことわからないとその人に合った介護ができないからって
なるほど
今日子さん
ご出身はどちらでしたっけ?
…九州
話せたんだ!!
大塚さん
インターン中にやりたいことある?
じゃあ…ピアノを演奏したいです
OK!!
実はちょこっとだけピアノが弾ける大塚
ONPU
キレーだねぇ
すご〜い
上手に弾くねぇ〜
ども
ども
ぱち
ぱち
ぱち
ぱち

実は3ヵ月前まで
パン屋でした
私も前職は
スーパーでした
えー
芸大生のわたしが
まったく未知の
介護の世界へ
飛びこんで
似顔絵
描きました
まあ〜〜
ほんでなぁ
ほんでなぁ
不安だったものが
楽しいと感じるように
なった頃には
カァ
インターンも
終わる時間
でした

3日間 ありがとう ございました
こちらこそ ありがとう
大学で 制作がんばってね
小林さん お姉さんね 今日でここ 最後なの
あら そーかえ
じゃあ お姉ちゃん
ほれ

ありがとうね
小林さん また会いましょう
インターン終了〜〜!!
つかれたァー

でも楽しかったなぁ
みんな優しかったし
おばぁちゃんたちおもしろかったし
似顔絵もピアノも喜んでくれたし
…誰かに抱きしめてもらえたの
いつぶりだろう
ほろり

たった3日間でしたが
こんなに満たされた
気持ちになったのは
ひさしぶりでした
ひっ
ひっ
そして同時に
この気持ちを
形にして伝えたい
この豊かな時間を
これから表現して
いきたいと思いました
ひぃぃ…
これが
私がこの仕事に
就いた理由です

# 私が働く施設について

私が勤める特別養護老人ホーム（特養）は長期利用のご利用者が90名、短期利用のご利用者が満床20名まで入所でき、デイサービス事業も開設している比較的大きな施設です。そこで長期利用のご利用者を中心に介護ケアを行なう介護職員として働いています。

特養は施設全体で介護を行なう従来型と、全て個室で10人ほどを1つのユニットにして小規模の生活で介護をおこなうユニット型と主に二種類あります。私が勤める施設は従来型で、ある程度1日の流れが決められており集団での生活が主になります。働いていて感じるのは、フロアーの中でいつもご利用者や職員の顔が見えるので楽しく安心して業務が出来るなぁということです。

ご利用者の居住スペースはA・B・Cの3棟に分かれており、ご利用者の身体、生活状況に合わせてそれぞれの棟へ割り振られます。A・B棟へ配属されている介護職員はそれぞれ20人前後、C棟は3人前後で、1日1フロアーを3～4人前後でご利用者の介護を行ないます。

介護職員は日勤・早番・遅番・夜勤の四つの勤務形態があります。日勤は8：30 ～ 17：30、早番は7：30 ～ 16：30、遅番は9：30 ～ 18：30、夜勤は16：00 ～翌日9：00です。

# タイムスケジュール

## 日勤《にっきん》

| | |
|---|---|
| 8:30 | 出勤 |
| | オムツ交換 |
| 9:00 | 入浴介助 |
| 11:00 | 昼食準備 |
| 11:30 | 食事介助 |
| | 片付け |
| 12:05 | 居室誘導・トイレ介助 |
| | 寝かせ |
| 12:30 | 昼休み |
| 13:30 | オムツ交換 |
| | トイレ介助 |
| 14:30 | おやつ介助 |
| | レクリエーション |
| 15:30 | オムツ交換・トイレ介助 |
| | 起こし |
| 16:00 | 夕食準備 |
| 17:00 | 夕食介助 |
| | 片付け |
| 17:30 | 退勤 |

## 夜勤《やきん》

| | |
|---|---|
| 16:00 | 出勤 |
| | 衣類・オムツの整理 |
| 16:45 | ミーティング |
| 17:00 | 夕食介助 |
| 17:30 | 居室誘導・トイレ介助 |
| | 寝かせ |
| 18:00 | 洗濯物たたみ |
| | 書類記入 |
| 19:00 | 休憩 |
| 20:00 | オムツ交換 |
| 21:00 | 検温・書類記入 |
| 0:00 | オムツ交換 |
| 0:45 | 口腔ケア準備 |
| 1:30 | 朝食準備 |
| 1:45 | 朝食時の薬準備 |
| | アルバム作り |
| | 寮母室清掃 |
| 3:15 | オムツ交換 |
| | 消毒・トイレ清掃 |
| 4:00 | 検温 |
| | お茶作り |
| 4:45 | 顔拭き |
| 5:00 | 起こし・トイレ介助 |
| 5:30 | 食事場所誘導 |
| 5:45 | お茶配り・投薬 |
| 7:00 | 朝食介助 |
| 7:30 | 居室誘導・トイレ介助 |
| | 寝かせ |
| 8:00 | オムツ交換 |
| 8:30 | ミーティング |
| | リネン交換 |
| 9:00 | 退勤 |

※夜間は1時間に1回は必ず居室巡回を行います

# 施設のなかみ

# 老人ホームに就職してみて

ぱったり

入職してから
1ヵ月。
わたしはとても
疲れていました
今日も
えぐかったァ
お風呂の介助して
ご飯の介助
移乗※をやって
オムツの交換
トイレ誘導
おやつの介助
またオムツ交換
それから移乗
※移乗…車いす↔ベッドへ移す動作
あー
明日も仕事
お風呂
入んなきゃ
でも
疲れた
ねむい
…わたし
こんなんで
やっていけるかな
みんな
こんな感じ
なのかなぁ
心も
身体も
余裕がない

……そういえば
はるみさんの言葉うれしかったなァ
おめぇは素直だな
優しくて可愛い子だよ
省一さんはわがまま言うこと多いし
苦手なとこあるけど
仕事は慣れてきたか?
意外と人のことよく見てるし気にかけてたし
ちょっとびっくりしたな
先輩はみんな優しいしおもしろいし
私の口内炎がいま島なんだけど
あと2日でたぶん中華人民共和国になる
ロシアよりはマシですよ
たのしい

…もうちょっと がんばってみよう

# 老人ホームに就職してみて

「大変な仕事」というのはなんとなく想像していましたが、実際に働いてみると想像以上でした。50人ほどの利用者さんを多くて7人の職員で介助、対応しなければなりません。自分と同じくらいの体重の方をベッドから車椅子へ移乗するという介助をし、それが終わると15人ほどトイレの誘導を行ないます。週に6日ある入浴の介助。食事場所への誘導、食事の介助。書類仕事をしながらフロアー内を見守り。排泄介助。これらの業務をしながらクラブの活動、利用者さんのアルバム作り、自分の担当の仕事(掲示物の作成など)を行ないます。転倒のリスクが高い方が出歩けばそれに付き添い、コールが鳴れば居室まで行き対応します。そうやってフロアー内に常に気を配りながら日々の業務を行ないます。入職して日が浅いうちは、利用者さんそれぞれの特徴や生活サイクルがわからないのでとにかくフロアー内を走り回って対応しており、体力のない私は業務が終わる頃にはクタクタでした。

家に帰ればご飯を食べてお風呂に入って寝て、1日が終わります。初めのうちは自分の時間を作る余裕がなく、仕事のためにエネルギーを使って仕事のために疲れを取って仕事のために自分を癒す、という日々に不安もありました。

そんな時、1日を振り返って、その日会話をした利用者さんのことや先輩方の言葉が思い出されました。自分に向けられた温かい言葉、あってもなくてもいいような名言、これから仕事をする上で重要な助言。これらの言葉があるから楽しいし、ありがたいし、もう少し頑張ってみようと思えました。「ありがとう」だけではやってられないことも正直ありますが、1年前も今も利用者さんの「ありがとう」に救われていることも事実です。

# 決意

今日のメニュー
〈朝食〉 ごはん いんげん煮豆 オムレツ みそ汁
〈昼食〉 ごはん サラダ とり肉の蒸し 清汁
あー
あー
腰が…
もっと足広げてー
んぎぎぎぎ
オムツの交換しますよーー
はーーい
上にのーびーるーー
足元気をつけてー
カァ
おつかれさまでした

ただいマリンバ
おかえリーフレタス
娘ちゃんご飯出来たよ
はぁい…
…娘ちゃん
うん?
仕事は順調?
うん
そう……
はやく見切りつけて
そんな仕事辞めるさよ
お母ちゃんビール
お母ちゃんはビールじゃありませぇん

なんで
そんなこと
言うの？
たしかに
毎日疲れてるし
めちゃくちゃ大変
だけど
辞めたいなんて
思ってないよ
5月14日
17日
5月18日
5月20
6月3日
5月30日
5月25日
ピンポーンヌ
こんにちは
サエコちゃーん
元気してる？
はぁ…
こんにちは

おばちゃんも諦めないよなァー…
親戚のおばちゃま勤めてる会社が新卒をほしがっている為よく大塚の元へ来て転職をすすめてきた
介護の仕事に就いたんだって？
あ はい
そう〜〜
仕事は順調？
はぁ
そっか〜〜
…単刀直入に言うけれど転職とかは考えてない？
いえ…考えてないですね〜
そうなの？
勿体ないなァ
まだ若いのにこんな仕事に就くなんて
しかも大学…芸術の大学出てるのに
わざわざ大変な仕事就かなくてもよかったんじゃない？
就くにしても今じゃなくてもいいのにさ

勿体ないってなに？
じゃ〜 また考えといて！
いい返事まってるよ
「こんな仕事」の何を知ってるの？
ガラガラ
ピシャン
勝手に期待して 勝手に失望すんな！
……でも きっと これが世間の声なんだろう

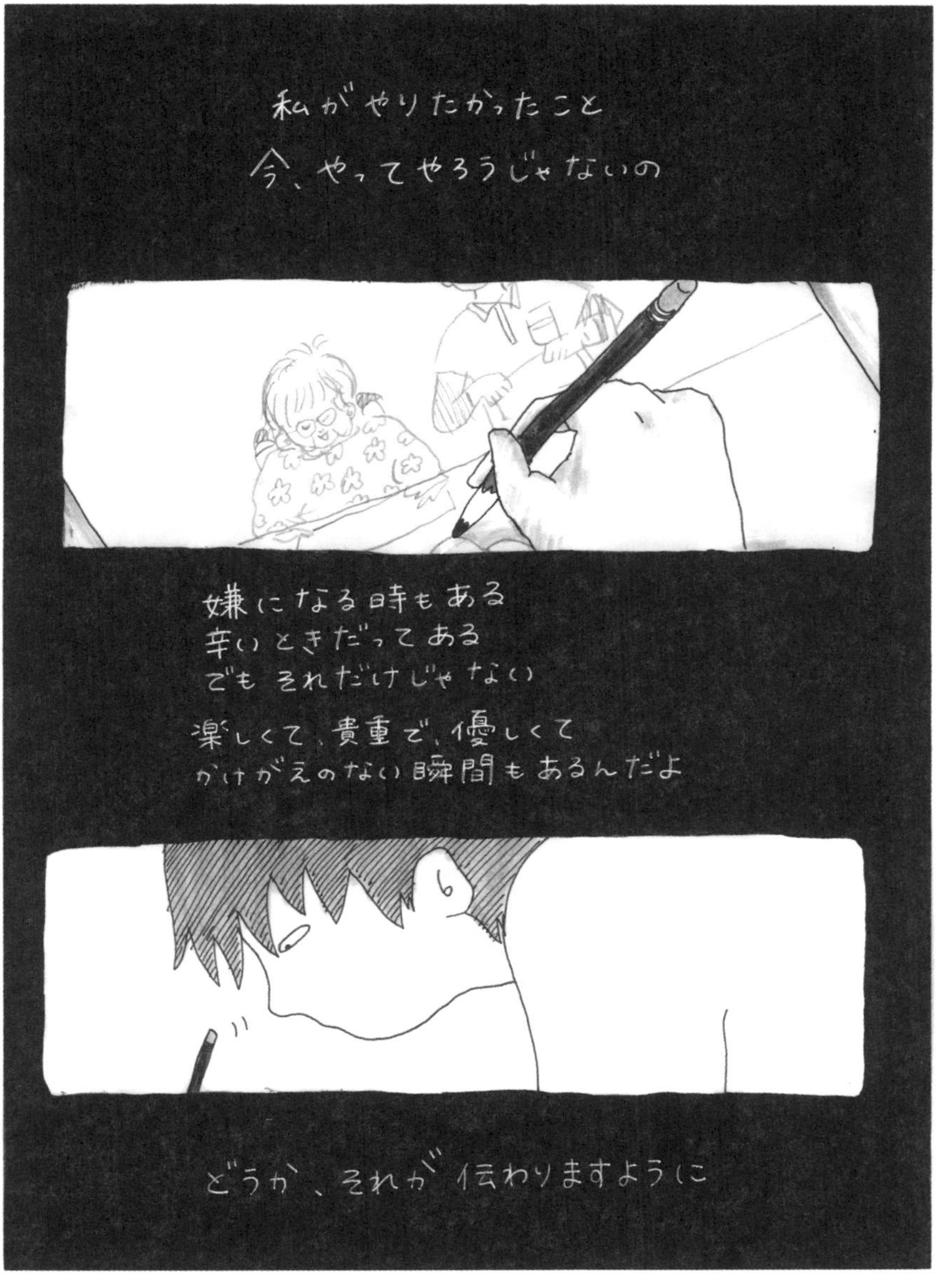
私がやりたかったこと
今、やってやろうじゃないの
嫌になる時もある
辛いときだってある
でも それだけじゃない
楽しくて、貴重で、優しくて
かけがえのない瞬間もあるんだよ
どうか、それが伝わりますように

介護の仕事はやはりマイナスなイメージが強いんだなぁ……と身内や知り合いの言葉で実感しました。そして同時に、やりたいことがあるから今の仕事に就いたのに、その選択を否定されたようでとても悲しかったことを覚えています。

親としては家で介護をしているので、娘には同じ苦労をしてもらいたくないという思いがあったと思います。ある知り合いはせっかく芸大に進学したのに畑違いの、しかもわざわざ大変な介護の仕事を選んだことに疑問を感じていたのでしょう。

しかし、実際に就職してみると福祉の勉強をして介護の仕事に就いた人もいれば、スポーツの大学を出て介護の仕事に就いた人もいます。接客業から転職をした人もいます。高校を卒業して、子育てがいち段落して、別の仕事を定年退職して、この仕事をしている人もいます。いろんな経験を経て、それぞれの考えがあって今日まで介護の仕事を続けている人たちがいます。一見、無関係に見えるようで現場でそれぞれの持ち味や経験値を仕事に活かしています。

「この勉強をしたから、それに関係のある仕事に就かなきゃいけない」と思うのはもちろん理にかなっていますし、やりたいことに直結している場合が多いと思います。でも、私にとって介護の仕事は、人から見ると畑違いに思えても「自分がやりたいこと」が出来る仕事でした。この仕事に就いて、やっぱり確かに大変な日々ですが、「やりたいこと」もしっかりと続けられて幸せです。だから、決して苦労だけではないことを伝えたい。

入職して1ヵ月ほど経ち少し気持ちにも心にも余裕が出来た頃、職場で心に残ったことを良いことも悪いことも、絵日記に描き留めはじめました。やっと、やりたかったことを始められました。

# 1章

# 夏

SUMMER

2018

6/16 〜 8/18

2018 ― 6/16

あーあ、今日も生きちまった
早く迎えが来てほしいよ

…迎えってどこからの？

あの世

あーわかります
私も60くらいで
ポックリ逝きたい

60!? 60じゃあまだ若いよ!!

そうですか？

そうだよ〜 それにね、
そうやって言うんほど
長生きするもんだから

うわぁ…じゃあ しぶとく生きます

そうしなさい
私はアンタのこれからが
楽しみだよ

# 「私はアンタのこれからが楽しみだよ」

18時15分。私はこの日、遅番で、あと15分で退勤でした。遅番の仕事はすでに終わっていたので夜勤者の仕事を手伝って帰ろうと思い、見守りがてら2階フロアーをウロウロしていました。寮母室の隣に5人ほどがおやつを食べられる大きな机があるのですが、この時間になるとほとんどのご利用者は夕食を終えて居室に居るので、夜勤者が洗濯物を畳むために使います。この日も机の上には、何人分もの衣類やタオルが重なった大きな洗濯物の山がひとつ出来ていました。残りの時間は洗濯物を畳んで山をひと回り小さくしておこうと思い近づくと、山の向こうで白い頭がゆらゆら揺れているのが見えました。背伸びをして覗くと、やよさんが慣れた手つきでせっせとひとり、洗濯物と格闘しています。

やよさんは普段車椅子で過ごしていますが、手すりを持てば立ち上がることも出来るし座位もひとりで安定するので比較的自立度が高い方です。また、物の管理が困難など多少の認知があるものの「あたしゃボケばぁさんだからあんたっちに苦労をかけて悪いけどよろしくね」と至極丁寧で穏やかな性格なので、ある意味職員泣かせな方でもあります。麻痺も*拘縮《こうしゅく》もないので、暇さえあれば洗濯物畳みや、行事で使うお花飾りの制作など細かい作業も積極的に手伝ってくださるのです。やよさんに声をかけ、私も隣で洗濯物を畳み始めました。

昔の仕事のこと、結婚に至るまでの経緯、きょうだいとの思い出……色々な話をしました。特にきょうだいの話になると、やよさんは至極悲しそうな顔をします。というのも、やよさんには歳が近い妹さんがいたのですが、数年前に亡くなったのです。後から聞いたのですが、妹

＊拘縮…長い間身体を動かさずにいた為に、関節周囲の筋肉や皮膚が堅くなってしまい動きが悪くなること

さんが亡くなってからしばらくは元気もなく食事もほとんど摂らない日が続いたそうです。それほど仲が良く、やよさんにとって大事な人だったんだなぁと女兄弟のいない私は少し羨《うらや》ましく思いました。そうして話を聞いていると、やよさんがため息ひとつこぼして、夏休みが終わるのを残念がる小学生のような口調で言いました。

「あーあ、今日も生きちまった。早く迎えがきて欲しいよ」

こんな時「なに言ってるんですか～まだまだ元気でいてくださいよ！　寂しいじゃないですか！」なんて元気づける気の利いた言葉を言えればよかったのです。しかし、この日は20代の先輩と「理想の最期」など若者が到底話題にすることのない話で偶然盛り上がっていたので、やよさんの話を聞いてうっかり「60くらいでポックリ逝きたい」と自分の理想を語ってしまいました。ちなみに先輩は「50くらいで人生終わっていたい」と言っていました。

私の短命願望を、御歳《おんとし》90になるやよさんは信じられないといった様子で聞いていました。考えてみたら、20代前半の至って元気な若者が事故でもない限り程遠い死について云々語っていたら、驚きを通り越して少し引いてしまうなと思いました。理想を語り終えると、やよさんは力強く「60じゃまだ若いよ!!」と言いました。これは想像ですが、やよさんの60代は楽しくて充実した時間だったから、自信を持ってそんな一言が言えたのだろうと思います。

どっちが励まされているんだか。この状況が少し面白くなってきた頃にやよさんが「私はアンタのこれからが楽しみだよ」と元々あるシワがさらに深くなるほどの笑顔を向けて私に言いました。私は、やよさんのこういうところが大好きです。そして、こんな風に自分の人生に自信が持てて、誰かの未来を楽しみに思えるような器の大きい人になりたいと思います。

2018 — 6/20

大石さん、血圧 計りますね

はいよ

…大石さん、ひまつぶしに
私の恋愛相談に
のってくれますか？

い〜いですよ

私ね、好きな人がいるんです
でも、最近連絡を
とってないんです…

なんで？

だって向こうも仕事
がんばってて、いそがしくて、
邪魔したくないんです

仕事を理由にしちゃあ
ダメだろう

そうですか？

そうだよ それにこんな
べっぴんさんを放っとくなんて
俺が嫁にもらっちゃうぞ

# 「心を開く」

2018 — 6 / 20

しかし、大石さんは奥様と娘さんがひとりいらっしゃり女性に囲まれた環境だった為
お嬢さん新人だろう? ティッシュはあそこにあるからな
ど、どうも
女性には意外と優しい一面がありました
「ご利用者に心を開いてもらうにはまず自分から」という持論があったので
個人的な恋愛相談をしてみました
そして出てきたあの言葉
右も左もわからなかった新人時代にはじめてご利用者と素の自分で向き合えて
ありがとう大石さん
ちょっと元気が出たよう
しみじみ
当時の私はなんだか救われた気がしたのでした

2018 — 6/20

2018 — 6/27

長谷川さん
歩く練習しましょうか

はいよ、ありがとうね
ほんっとに この足は
しょーがないよ まったく

仕方ないですよ
好きでこうなった
わけじゃないんですから

そうだよ〜〜
まさかこんなことに
なるなんて
思っても みなかった

そうでしょうね
困っちゃいますよね

人生なにがあるか
本当に わかんないよ
だからね、気をつけなね

# 「まさか」

そう嘆く
ご利用者が
多いです

人生
なにがあるか
本当にわからない
嬉しいこともあるし
悲しいこともある

これから
沢山の「まさか」に
遭遇すると
思います

考えても
考えても
私の想像力なんて
ちっぽけなので

今できること
目指してること
たのしいことに
全力を注いでいこうと
思います

2018 — 7/3

ねぇサツキさん
なんでしょう？

サツキさんは
ご結婚されていましたっけ？

していますよ

…私、結婚したいのですが

ええ

どうしたら
結婚できますか？

どーうやっても
結婚できますよ

うおお〜〜…
がんばります

# 「サツキさん」

朝の
みだしなみを整える
どうでしょう？※ええ子になりました？
うふふ なりすぎた
フフッ…
※ええ子になる（良い子になる）…キレイになる、整ったときに使います。静岡の方言なのでしょうか？実家ではよく使います
日々予想がつかない返事が多いサツキさんです（しかも全て肯定してくれます）
サツキさんなにか面白い話あります？
あるよ
あるの!?なんですかそれ？
面白いよ
結局内容は教えてくれませんでした

2018 — 7/17

さち江さん
外をずっと眺めてますけど
何か見えますか?

…見て、おーおきな鳥

あら本当だ!
よかったですねぇ

ふふっ

大きい鳥ってことは
あれですね、英語で
ビッグバードですね!

……。

…ごめんなさい
しょーもないこと言って

ほんとだねぇ

2018 — 7/26

それじゃあ白田さん
今日は失礼させて
いただきますね

そう?明日は来るの?

明日はお休みなんです

そーかね。明日は
何かすることあるの?

うーん、なーんにも
決めてないんです
明日のことは明日の自分に
任せているので

ふーん、そう

良く言えば?気分屋で
悪く言えば 計画性が
ないんです、わたし。

いいじゃん 気まぐれで

# 「支援の方法」

ご利用者の介護をするにあたって介助のやりすぎはよくないと研修などで学びました
※利用者の残存機能を活用しないとどんどん動かなくなります
その方に本当に必要な支援をする
自分で出来ることは自分でやっていただく。なんでも介助をすればいいというわけではないんです
※残存機能…その人の残っている身体機能のこと
例えば右半身がマヒしている方の立位を介助する際には
介助者が右側に立ってご利用者が倒れないように手を添えるようにします
人によってマヒの程度など違ってくるので
支える力を変えたりします
左手で食事がしづらい様子だったら手を貸す前に食事の環境を工夫してみます
器の大きさ、深さ スプーンの重さ、角度 テーブルの高さ 食事を置く位置
ほかにも工夫出来ることが沢山あります
角度をつけてみる
すべり止めマットの使用
スプーンの種類
くろ
しろ
「自分で出来る」「まだやれる」という自信がご利用者の活力にもつながると教わりました

実際に現場でも
そうするようには
していますが
この人は
車いすで
自走できるよ
えッ!?
ご利用者一人ひとりの
出来ることが異なるので
その見極めが難しかったり
限られた時間内で
おこなうことが
厳しいときもあります
そして、ご利用者本人の
意欲も大きく
関わってきます
出来る能力が
あったとしても
ご利用者自身に
その気持ちがなければ
出来ないこともあります
自分で
やるよ
あら
「やってくれ」の
ポーズ
そんなとき
ご利用者が「やるぞ」と
思えるような
きっかけづくりをしたり
その方が好きそうな
話題を提供したり
また
歩けるように
なったら
娘さんも安心して
くださいますね
そーだね
あの子は心配性だからね〜
場合によっては
「やりたくない」の気持ちを
受けとめることも
必要になるときが
あります

白田さんの支援は今でもとても悩んでいます
おぉ〜〜い
はやーくぅぅ
入浴の日
どうしましたか白田さん?
いまこちらの方手伝っているので終わったら行きます出来るところまでやっていてください
白田さんは右半身にマヒがややありますが機能的には出来ることが沢山あります
あたしも…服ぬがして
しかし、本人の意欲が伴っていないので難しいなと日々感じております
あぁ
…できない
あ゛あ゛〜〜ん
ほらっ左手を使ってやってみてください
泣いてる…?
?

2018 — 7/26

※ご利用者一人ひとりに合わせて機能訓練をおこなう人。
詳細はP196・P197用語集へ。

出来るけど
やらないのには理由があって
本人が「出来る」っていう
成功体験を
あまりしていないからかも
しれないし
!
ひとり暮らししてた分
出来てたことが
出来なくなったっていう
事実がまだ
受け入れられなくて
気持ちが追いついてないかも
しれない
それから…
どうしても人って
出来ないことに
目が行きがち
ですが
それ以上に
出来ていることが
沢山あると
思うんです
なので
出来ないことを
出来るようにするのも
大切だけど、
見つけたり、認めたり
することも
必要だと思います
白田さん、
褒めるととっても
誇らしげな顔を
するんです
「フフン」って言いながら
私、そんな
白田さんが
けっこう好きで
関わってて楽しいです
そんなこと
知らなかった…
それだけ
白田さんに
寄り添った介護が
出来てなかったんだ
教科書通りではない
介護の世界
すごい白田さん!!
ちゃんと
出来てますよ!!
そう～?
じゃあ
やってみようかな
フフン～
私はまだまだ
未熟者です
ご利用者に
寄り添った介護をする
努力をこれから沢山
していきます

2018 — 8/10

すゑさーん
サダ子さーん
お夕食なので
食堂行きますよ～!!

あんた！
嫁に来てくれたのかえ!?

おぉ？

嫁に来たのか？ってさ

ん～ごめんなさい
私、好きな人いるので
お嫁に来れないんです

そうかぁ…それじゃあ
しょーがない！諦めるか

あんたが来てくれたら
よかったのにねぇ

申し訳ないですよ～
ありがとうございます

「ユーモア」

実はお年寄りってユーモアなのでは説
その①
エーッ
村越さんてもうすぐ100になるんですか!?
そーだよ一月にね
ひえ〜〜〜〜
じゃあこれからも元気で過ごして
あと30回くらいお誕生会やりたいです
ハハハ
130歳かぁ〜〜
そしたらツノが生えちゃうなぁ〜〜

実は
お年寄りって
ユーモアなのでは説
その②
てっこさーん
てっこさん
てっこさん
てーっこさーん
てっこさん
びくっ
びーっくり
した!!
無いはずの
キ●タマが
飛び上がった
キ

2018 — 8/14

フミ子さん
今日は良い天気で
まさに散歩日和ですね

ほんとだねぇ
あら、あそこのお花は
キレイだね

お花?どこに
咲いているんです??

ほらぁ あの青い屋根の
家があるところ

めちゃくちゃ遠くじゃ
ないですか!フミ子さん
目が良いんですね

そうなのよ 昔から
目と耳と鼻は良いの
悪いのは 口だけ〜

# 「ふとした言葉」

ご利用者の突然発する言葉に笑ってしまうことがよくあります
シュバババ
そういえば この前 2階の寺岡さんが
めちゃタオルたたむの早いよ 先輩…
ババ
寺岡さんは ご兄弟 いらっしゃるんですか？
いるよ
へえ～～ 寺岡さんが 一番目？
そう

弟と
妹と
妹がいて
みんな細いよ
4人兄弟
ふむ ふむ
わたしだけデェ～ブ
フフ
ヒュッ
って言ってたよ
突然の自虐に思わず笑ってしまった
言い方といい笑わせに来てますね
寺岡さん普段そういうの言わないからよけいに、ね
プフフ
油断できないなあ
寺岡
こういうやりとりがとても楽しいです

2018 — 8/14

2018 — 8/15

明日があるとは
限らないということ
人の最期を見届けたとき
今を精いっぱい生きたいと
思いました

「あした」

はじめて慣れ親しんだご利用者が亡くなりました
この人の※トランスには苦労させられたなあ
意外と明るい声で返事してくれたんだよなあ
※トランス（トランスファー）…車いす↔ベッドなどへの移乗動作のこと
入職してから何度かご利用者を看取ったことはあるものの
そのときはご利用者がどんな人かもよくわからず亡くなったという実感が湧かなかったし
ちょっとこわい…
ご遺体を近くで見るという経験がなかった為、とまどってばかりでした

それが、何度も
コミュニケーションを図って
その人のことで
喜んだり
元気ですか？
はい！
コラーッ
若い子に抱きついたら
いけません!!!
上司
ヒェェッ
悩まされたりして
関係を築いてきた分
思い出すことが
沢山ありました
これから一生
この人と直接
もう関わることは
ないと思うと
少し虚しくなりました
そして
同時に
こう思いました
人って案外
簡単に
いなくなってしまう…

この人の食事が出されることはもうない
山本 一夫
名札もなくなる
日誌も抜かれる
日誌
あたり前に来ると思ってた
明日は来ないかもしれない
だから
今を精いっぱい
後悔をなるべくしないように
生きたいと思いました

2018 — 8/18

サエちゃん

はあい?、

今日、夜勤か

ええ、そうですよ

ミミがんばって

!!
ありがとうございます
がんばります

# 「よくみてくれる人」

入職してから2年目になりますが、これまで看取ってきたご利用者はついに両手に収まらないほどになりました。どのご利用者も忘れられませんが、特に印象的だったのは亀岡さんです。亀岡さんは「介護職員がご利用者のことをよく見ているように、ご利用者もまた介護職員のことをよく見ている」と気づかせてくれました。

亀岡さんは身体が大きくて、片麻痺のあるおじいさんです。年齢は70歳に満たない、老人ホームでは比較的若いご利用者ですが、他のご利用者よりも複雑な事情を抱えて入所されている方でした。

フロアーでは笑顔で他のご利用者と輪になって会話をするというよりは、輪の中に居ながらも静かにテレビを見たり雑誌を読んだり、職員が忙《せわ》しなく動く様子を眺めたり、他のご利用者同士の会話を聞いて過ごしていました。時には、他の方が車椅子から立ち上がろうとしたり、何かトラブルがあるとすぐに職員に教えてくれました。また、麻痺がないほうの足で床を蹴りながら器用に車椅子を動かしてフロアー内の掲示物を見て回ったり、洗濯場へ行って洗濯物専門のパートさんと話したついでに、オムツ交換で使うおしり拭きを膝へ載せて職員の元へ届けてくれたりしていました。

これは私の勝手な想像ですが、亀岡さんは施設での生活がとても退屈に感じていたと思います。その証拠に、(元々の性格もあるかと思いますが)亀岡さんの笑った顔を一度も見たことがありません。それでも、亀岡さんなりに施設の中で退屈を凌《しの》げるものを探しているような気がしました。他のご利用者と会話することはなかったものの、意外と新人職員や実習生には亀岡さんから声をかけることが多かったからです。

私が入職して間もない頃、ご利用者に名前を覚えてもらいたくていろんな方に名前を言ったり名札を見せて回っていました。実際に名前を覚えてくださるご利用者は2人居れば良いほうだと思います。そんな中、亀岡さんはしっかりと見ていたようで、ある日突然うしろからはっきりとした声で、私の名前を呼んだのです。しかも、下の名前にご丁寧に「ちゃん」まで付けて。亀岡さんと一気に距離が縮まったような気がして、嬉しかったことを今でも覚えています。マスクの下できっと気持ち悪いほどのニヤついた顔をしながら「覚えててくれたんですか？」と尋ねると、亀岡さんが無表情で、けれど少し柔らかい口調で「覚えてるよ」と答えてくれました。

亀岡さんは職員の名前をしっかり全員覚えていました。トイレ介助や移乗などの本当に限られた用事しか頼まないのですが、その際は片手を挙げて「〇〇（名字）さん」と呼びます。しかし、先輩曰く「亀岡さんは、人をよく見ているから用事を頼む時は頼みやすそうな物腰やわらかい人とか、優しい人とかに声を掛けることが多いんだよ」とのことでした。確かに亀岡さんが用事を頼む人は限られているなぁと気づいてひとりで納得していると「大塚さんも優しいからよく頼まれてるんだよ。もし亀岡さんに何か変わったことがあったら教えてね」と、言われて嬉しかったことを覚えています。亀岡さんは、挨拶をすると必ず手を挙げて応えてくれました。表情も言葉も特にありませんが、大きな手をしっかり伸ばして挙げてくれる挨拶が私は好きでした。

また、亀岡さんが居るフロアーの夜勤で出勤すると、亀岡さんは私のところへそっと近づいてきて「今日、夜勤？」と尋ねてくるようになりました。「そうですよ。よろしくお願いしますね」と私が答えると、静かにエールを送るように手を挙げて返してくれたり「…がんばれ」と励ましてくれて、その日の夜勤は張り切って行なうことができました。

9月にお誕生日を迎えたあたりから、亀岡さんの体調が優れない日が増えてきました。いつもはフロアーに居る時間にも「寝る」と一言告げてベッドで過ごすようになりました。すると、離床時間も徐々に減り、食事もベッド上でとるほどに亀岡さんの体力は落ちていったのです。緩《ゆる》やかに、それでも確実に容体は悪いほうへ向かっていました。

2019年の2月中旬に亀岡さんは69歳で亡くなりました。じつは、もともと癌を患っており、私が入職した時には既に全身に転移していたので、医務からは「いつ亡くなってもおかしくない」と言われていたそうです。

亀岡さんは亡くなる1週間くらい前までずっとベッドで過ごしていたのですが、日中も夜間も亀岡さんの居室のコールが頻回《ひんかい》に鳴っていました。5分に1回くらい鳴っていたと思います。コールが鳴って訪室すると「特に用事はない」と話すことがほとんどでした。今となってはわからないのですが、亀岡さんはこれまで人に頼ることなく過ごしてきた分、最期は誰かに傍にいて欲しかったのかもしれません。

亀岡さんが亡くなって数日経った頃、職員同士で昼食を食べながら亀岡さんについて話していました。

介護職員あるあるなのでしょうか。どんなご利用者のこともそうですが、亡くなったり退所された方のことを振り返って「あの時の言葉は嬉しかったなぁ」とか「もっと出来ることがあったかもしれない」とご利用者との関わりに喜んでは少し寂しく感じたり、これからの自分の介護技術への糧《かて》にしているのです。

私が「亀岡さんは、本当に人をよく見ていたと思います」と言うと、ひとりの先輩職員が大きく頷《うなず》いてから「実は亀岡さんに救われたことがある」と話してくれました。

先輩が当時プライベートで悩んでいた時期があり、モヤモヤした気持ちで出勤した時のことです。テレビを眺めていた亀岡さんが、先輩を見るなり何かを感じ取ったようで自ら先輩のところへ近づいて行きました。そして顔を見ながらしっかりとした声で「手放しちゃダメだよ」と言ったという出来事があったそうです。「何も話していないのに、どうして悩んでいることがわかったんだろうって不思議だった。でも苦労続きの亀岡さんも、もしかしたら同じ悩みを経験したのかもしれない。だから私の些細な表情の変化も読み取って、助言をくれたのかなぁ」と先輩は少し涙目になって話しました。

私もその話を聞いて、鼻が詰まったようになりました。そして、亀岡さんは人の姿や行動だけじゃなくて、もっと奥深いところまでしっかり見ていたんだなぁと気づかされ、益々亀岡さんがいないことを寂しく感じました。

介護の仕事は体力がとても要りますし、根気強く人と向き合わなければならない場面もあります。それでもこの仕事をやってよかったなぁと思うことのひとつが、ひとの人生の終わりに自分が携われて、その中で人の思いやりとか優しさに触れられる瞬間があるというところです。

辛いことも多いですが、決してそれだけではないことも伝わったら嬉しいです。

職業病：出先でめちゃくちゃ
入念に手洗いしちゃう

2018、10、11 大塚紗瑛

コラム①
クラブ活動
私が働く施設では機能訓練(動かせる身体の機能を活かして運動や活動をすること。訓練の内容はご利用者ひとりひとり異なります)の一環として職員によるクラブ活動を月に1回おこなっています。
クラブ活動は全部で11種類あり、長期入所のご利用者は全員どれかひとつに所属しています。
どのクラブにするかは担当介護スタッフ・施設ケアマネジャー・機能訓練指導員がご利用者の日常生活状況が書かれた計画書を見ながら決めていきます
クラブ活動一覧
・リハビリ
・外気浴
・おしゃれ
・カラオケ
・観賞
・掲示
・料理
・書道
・リラックス
・園芸
・五感いきいき
ちなみに大塚は外気浴クラブ担当
おしゃれクラブ
どうかしら？
お化粧などで自分を着飾ることで生活意欲の向上を図ります
五感いきいきクラブ
草花に触れて見た目や香りを楽しんだり、音楽を聴いて五感の活性化をうながします
外気浴クラブ
外気にあたって気分転換したり、季節感を味わいます
掲示クラブ
季節に応じたちぎり絵などを共同でつくって表現を楽しみます
リラックスクラブ
足浴 ハンドマッサージで血流改善や心身の癒し効果を期待します
ホッ
職員も仕事ということをついつい忘れてご利用者と一緒に楽しみながらおこなっています
まだかなー
はよ食べたいなー
料理クラブでパンケーキづくり中
観賞クラブ
アルバムをみたり昔話をしたり映画を観ることで思考面を活性化します
などなど沢山

# 2章

# 秋

AUTUMN

2018

9/14 ～ 11/29

2018 – 9/14
どうか
今日も平和に
夜勤が終わりますように
と、ひとり寮母室で
願う。
節電しよう
ホウ・レン・ソウ

「夜勤という戦場」

「夜はみんな寝てるだろうから夜勤は平和だな」
なーんて考えていた時期もありました
おっかな!
ガシャン
おおおおい
ガシャン
ピンポンピンポン
ガッシャン
むしろ戦争かもしれません

私の職場では夜間は宿直含めて6人で100人前後のご利用者の対応をします
宿直
C棟
B棟南
B棟北
A棟2階
A棟1階
もしご利用者の急変や事故などあれば救急搬送もありますし
吉野さん呼吸おかしい!!
ダダダッ
看取りの方で亡くなられたらその対応をします
災害があれば避難誘導もおこないます
今のところまだ経験ありませんが…
夜勤者の防災訓練
本当の災害きたら冷静でいられるかな……
それでなくても書類仕事、洗濯物、20人以上のオムツ交換移乗など
通常の業務もあるのです
エーーッ!!
もうこんな時間
3回目のオムツ交換やらないと!!

何かあったときに少ない人数で対応しなければいけないので
呼吸も顔色も…よし!
布団なおしとく
夜間は毎回ヒヤヒヤしています
何事もなく夜をのりこえ、朝早番の職員の顔を見たときとても安心します
おつかれさま〜〜って…
どした!?
だー っ
おはようございまふ
本音を言えば…業務をギリギリで回せる人員配置じゃなくって
余裕をもってご利用者に対応できるような制度になってくれれば嬉しいです
それが職員の負担軽減にもなりご利用者のより一層の安全にもつながると思います
介護職員の皆様今日もおつかれさまです
夜間の適度な息抜き大事!!!

2018 — 9 / 14

2018 — 9/17

あ〜北海道に行きたいねぇ

うわ！いいですね〜
私、ラベンダー畑見たいです

ラベンダーねぇ
紫がキレイな花だねぇ

そうです！それです！
あとは美味しいもの
いーっぱい食べたい!!

あら〜それも
いいねぇ〜
…行くかぁ、北海道！

わーい!! たえさん
一緒に行きましょう!!

きっと珍道中だねぇ
うふふふ

「ラベンダー畑」

2018 — 9／17

私は学生のとき春休みに行ったんですけど
パアア〜
すっごい雪もキレイで
あと食べものがおいしかったです♡
チーズケーキが!!
ポカーーーン
・・・・・・
また行きたいな〜〜
たえさん、お花好きですよね
北海道はラベンダー畑きれいですよ
あらそう?あの紫のお花?
そうそう!!
こんど北海道へ行ったら〜〜〜
お花畑みて
海鮮丼たべて
リスちゃんもみたいし
あとチーズケーキとチョコレートもたべたい!
いいねえ〜〜〜
じゃあ
行くかあ!!

2018 — 9 / 17

わーい
行きましょー!!!
イェーーーイ!!!!
わたしが
全部おごるわよ
道中は
サルも熊も
出てくるから
珍道中だね〜
すごいね
たえさん!!
どこを通ってく
おつもり〜〜?
うふふ
そういう
話もしたよね
たえさん
そんな約束を
してくださった
たえさんは
先日この世を去りました
いつかまた
北海道へ行くときは
たえさんとの思い出も
一緒です

2018 — 9/17

2018 — 10/11

ナオコさんは
ご結婚されていますか？

してるよー

いいなあ〜〜
私も結婚したいです

どういう人がいいのー？

えっとですね、
優しい人!!

あぁ いいねぇ

あと、背が高くて
イケメンで面白くて
収入も多くて爽やかな人❤

ミあんまり高望み
するもんじゃあないよ

そうですよね…
身の丈に合った方と
結婚したいです

2018 ― 10/14

100歳 長寿
おめでとうございます
人生で初めて100歳の方に
お会いしました
100歳の方から
こんなに元気をいただけることも
初めて知りました

# 「100歳長寿おめでとうございます」

キヨコさんは私が初めてお会いした100歳の人です。この絵日記はキヨコさんが100歳の誕生日を迎える日に、職員からのプレゼントとして描かせていただきました。私が勤務する施設にとっても100歳を迎えるご利用者がいることが本当に久しぶりだったそうで、ささやかではありましたが誕生日当日はご家族と数名の職員でキヨコさんの誕生日会を行ないました。

キヨコさんは100歳にもかかわらず車椅子に座っている時の姿勢がピシッと伸びており、言葉を話すことは困難でしたが意思疎通が出来る元気な方でした。おまけに、嬉しいことがあると手を合わせて感謝をする仕草をしたり、舌をペロッと出していたずらが成功した子供のような笑顔を見せてくれるなど茶目っ気がありました。初めてキヨコさんを見たときは80歳くらいだろうかと思っていたので、あと半年もしないうちに100歳になると知ったときは、とても驚いたことを覚えています。

キヨコさんに関して驚いたことと言えば、もうひとつあります。それは、キヨコさんのご家族がお昼時になると毎日欠かさずキヨコさんに会いに来られたことです。というのも、キヨコさん自身が食事を摂《と》りたがらない日が続いており、体力が徐々に低下していました。心配したご家族は、毎日キヨコさんの好きな甘酒やお菓子などを持ってきては、食事量や体調面を気にかけていたからです。キヨコさんの体調が良い日には、一緒に昔の写真を眺めて楽しくお話をしている姿も見られました。そこには、キヨコさんに1日でも長く元気に過ごして欲しいというご家族の想いがあったからです。

そんなご家族の甲斐あってキヨコさんは100歳のお誕生日を迎えることが出来ました。この頃キヨコさんは1日の大半をベッドで過ごすほど体力が落ちていましたが、誕生日当日はこの日のために体力を温存していたのかもしれないと思わせるほど、元気な姿を見せてくださいました。職員のハッピーバースデーの歌を聞いているときも、ケーキ贈呈のときも、キヨコさんは手を叩いて喜んでいました。私がこの介護絵日記をプレゼントしたときも「私を描いてくれたの⁉」と言っているような身振りと、今まで見せたことがないほどの驚いた顔をしていたことがとても印象に残っています。

誰かのために絵を描くことが久しぶりだったので、涙を流すほど喜んでもらえると少し動揺してしまいましたが、一方で思わず唇を噛み締めてしまうくらい嬉しくなり「描いてよかったなぁ」と思いました。

誕生日から1ヵ月と経たずにキヨコさんは亡くなりました。100歳を迎えてからもご家族は毎日欠かさずお昼時に来られました。キヨコさんが亡くなるときも、ご家族がずっとそばで見守っていました。

100歳を迎える人は今までテレビでしか見たことがなかったので、実際にお会いすると顔のシワの数だとか腕の皮膚が余っている感じだとか足の細さだとか、よく見ると確かにその年月を歩んできた跡があって、未熟な自分と比べるとその差に驚きます。それでも確かに同じようにに血が脈打っていて、もしかしたら私よりもその体温は温かいです。そんな手に触れるとおよそ80年差の人同士が今、同じ時間を歩んでいることが不思議に思えますし、生きるための元気みたいなものがひしひしと伝わってくる気がするのです。

キヨコさんとキヨコさんのご家族との関わりは、当時新人だった私にとっては1年と満たない期間ではありましたが、それ以上の気づきやエネルギーをいただけたと思います。これを形に出来たことが、今とても嬉しいです。

## 2018 — 11/6

お姉ちゃん
今からお昼かえ？

そうですよ
ねぇ、すゑさん
私ね、おととい
誕生日だったんです

お姉ちゃんの!?
はぁ〜〜じゃあ
2人でお祝いするかね!!
お姉ちゃんの好きなもの
なーんでも奢っちゃる

本当ですか!?
やった〜〜〜!!!

# 「するゑさん節」

2018 — 11/6

するゑさんとの思い出 その②
じゃあ お嫁に行く前は何してたんですか?
通信の仕事してたよ
通信?
機械を使って外国のひととやりとりする仕事だよ
えッ すごい!!
試験で合格しないといけなくてねえ
合格通知をもらったときは涙が出るほど嬉しかったよ
※イメージ
じゃあ するゑさん…
今でも もしや 英語を……
ドキ ドキ
ゴゴゴゴ
アィ キャン゛ ノ゛ット スピーク イングリッシュ
ア゛
英語で「英語が話せません」

すゑさんとの思い出 その③
わああ!!!
キレイだねー!!
天ぷらにすると美味しいよ~!!
鱚《きす》の寄贈
毎年地元で鱚釣り大会が開かれ、参加されたとれたての鱚を持ってきてくださいます
すごいねー!!
大きい~~!!
ほんとだねえ
立派な鱚だ
ぼそっ
…思わずキスしたくなるね
絶対言うと思った
絶対言うと思った

2018 — 11/16

ゔあ゛あ゛〜〜〜!!!!!
ユキさーん
元気ですねぇ
夜中ですよー
お、おね゛えぢゃん
はあい？
ね゛ないの゛ー？
ん、寝ます
寝ますよー
ユキさんも寝ましょうね
おやすみなさい

「やさしさ」

夜間、労《ねぎら》ってくださる方が意外と多いです
ごめんなさい オムツ換えさせてくださいね
はい お願いします …夕べは徹夜?
ええ まあ… 気持ち5分くらい寝ました
いや〜〜 本当かね?
あはは まあ、でも がんばりますよ
おめぇは寝ないだか?
はい 仕事が沢山あるので
仕事ったって おめぇまだ子供じゃねぇか
こんな夜中に仕事なんてかうぇーそーに (可哀想)
かうぇーそーにょオオオオオ
AM0:00
あんた今日夜勤かね? ひとりで?? いや〜〜若いのに大変だ…あたしはねぇ〜〜 いーっつも思うけれどね 一人でやるのは無理だよ だって私らのことも見ていなきゃなのに他の仕事もあってね 夜もずーーーっとやってるんだろう? 大変だよ 私らだって見てればわかる こんな大勢の年寄りを一人で見てるなんて…からだだけは気をつけてやるんだよ
とても心配されてる…

さいしょは
頼りなさげに
見えるのかなとか
色々考えて
しまいました
うーん
ぽりぽり
ぽりぽり
とはいえ
職員のことを
心配して
くださるのは
労働とか子育てとか
色々な苦労を
経験してきた
人生の大先輩だからこそ
なのかなと思いました
私も
優しい人に
なれたらいいな
疲れが顔に
出てる!!
もっと
体力が
ほしいわ

2018 — 11/16

2018 — 11/20

「じゃあね
また来週来るから」

「わかったよ
……気をつけて帰るさよ!!!」

子どもを心配する気持ちは
年をとっても変わらない
いつまでも　親は親だと
思いました

# 「知らない顔」

ヒロ江さんのご面会行ってきまーす!!
はーーいおねがいしまーーーす!!
普段"ご利用者"という立場で接するのでつい忘れがちになってしまうのですが
こんにちは!! いつもありがとうございます
日々のようす
こんにちは!!
あら!!
元気してたー?
お母さん
娘もきたよ
ご家族が面会に来ると「この方も立派に子育てした親なんだ」と実感します

ご利用者も
ご家族の前では
「息子を心配する
母親」だったり
風邪ひいてない？
ご飯はちゃんと食べてる？
「娘家族に会えて
嬉しい父親」の
顔になります
日頃の生活では
見られない、
ご利用者が歩んできた
時間が少しだけ
見られた気がして
またご利用者に
近づけた気が
するのです
これ
母の日で贈った
服なのよ～
着せて
くれてある
よかったね
ばあば～

2018 — 11／20

2018 ― 11/22

オムツの交換
おわりましたよ～

おおご苦労さん
ありがとうよ～～

ねぇテツハルさん

私ね、今日このフロアーで
夜勤するの
初めてなんです

お？

そうか　そうか
ええよ、あせらず　ゆっくり
教わったとおりにやれば　ええよ

# 「テツハルさんへ」

本当は
このときの、このフロアーの
夜勤を
初めてやったときの
エピソードとか
テツハルさんのことを
沢山描きたいと
思ったのですけれど

なんか、
このエピソードを描こうと
いざ絵日記に
向き合ってみたら
急に泣けてきました

「ええよ ええよ」と言う声が、
しゃがれてて、低くて、小さくて
でもそれがすごく優しすぎて
今も鮮明に思い出せるのです

2018 — 11/25

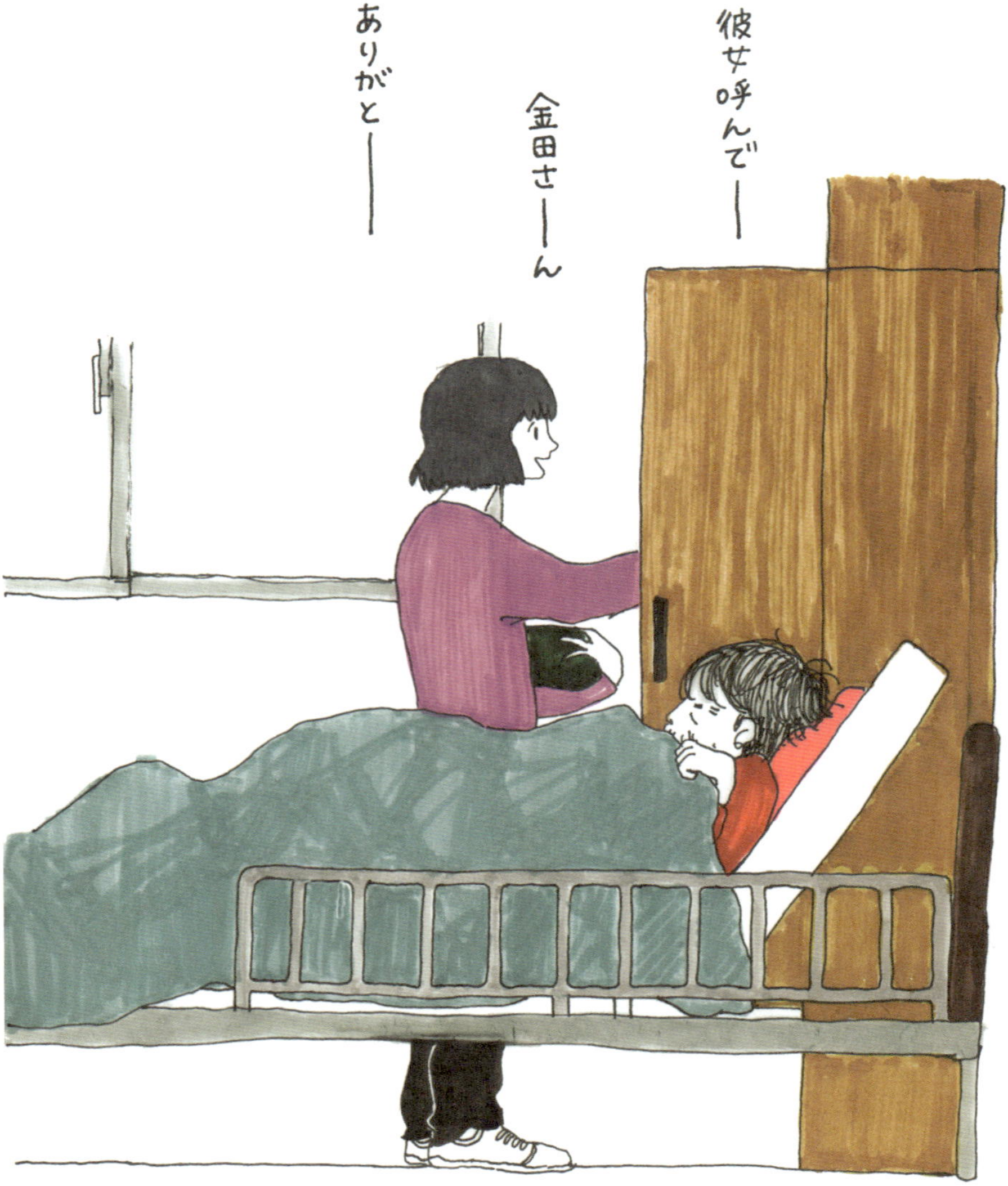

# 「彼女呼んで」

大きな声で「彼女呼んで～」と聞こえてきます。声がするほうを見ると、そこにいらっしゃるのは88歳になる金田さんでした。金田さんは意思疎通できるものの、移動や食事はほぼ全て介助が必要なおばあさんです。

金田さんは、誰かが部屋に入ってくるといつでも「彼女呼んで～」と必ず声をかけてきます。何を呼んで欲しいのかもわかりませんし、夜中にも声をかけてくるものだから、一体金田さんはいつ寝ているんだろうと不思議に思うことがあります。それに、「彼女」と相手を呼んでくるところがまたナンパのようなフランクさがあって少し面白いです。

入浴があった日の午後、ご利用者の衣類を洗濯し終え、私はそれぞれの箪笥《たんす》にしまっていました。この日も金田さんの部屋に行き、金田さんの衣類を箪笥に入れていると「彼女呼んで～」と聞こえてきました。何を呼ぶのかわからなかったけれど、ほんの出来心で「金田さーん」と、名前を呼んでみました。すると、金田さんから少し間をおいて「ありがとー」と返事がありました。

「あ…これでよかったのね…と」、この謎のやり取りが成立したことが面白くてひとりで笑ってしまいました。別の日にも「彼女呼んで～」と声が聞こえたので、同じように金田さんの名前を呼んでみました。が、特に返事もなく終わりました。どうやら毎回これが正しいわけではないようです。先輩職員に金田さんの「彼女呼んで」について尋ねてみましたが、金田さん本人も何を呼んで欲しいのかよくわからないそうです。「なんだかわからないけど呼んでぇ～」と、女子高生のような口調で返ってきたと教えてくれました。

ご利用者の受け答えにはいつも悩みます。

新人の頃「箪笥の中にミカンが入っているから見てきて！」と、切羽詰《せっぱ》まった様子で聞いてくるご利用者に対して「ないですよ」と返したら「そんなはずない！　じゃあ隣の人の箪笥に入っているかも！　あんた見てきてよ！」と更に興奮させてしまったことがあります。

もちろん、本人の箪笥にも隣の別の方の箪笥にもミカンなんか入っていません。ないものを必死に求められ困っていると、偶然通りかかった先輩職員が声をかけてきました。「私のミカンが箪笥にないってこの子が言うんだよ！」と、ご利用者が私を指差して先輩職員に訴えると、先輩職員はケロッとした様子で「ミカンなら冷蔵庫の上の紙袋に入っていました！　それに、ちゃんと名前も書いてありましたから取られる心配もありませんよ」とご利用者に話しました。すると、それまで興奮していたご利用者が「あぁ、そうだったのね、よかった。ありがとう。ありがとう」と落ち着いたということがありました。

あとで先輩職員にご利用者の受け答えについて悩んでいることを話すと「実際に冷蔵庫の上にミカンはないよ。でも、ご利用者の中ではミカンはあることになっている。だから、ないものをないって事実を伝えるんじゃなくて、嘘をつくことになっちゃうけれど、ご利用者が納得できる、安心できるような受け答えができたらいいんじゃないかな」と、アドバイスをもらったことがあります。

それからは、事実であっても嘘であっても、ご利用者が安心してくれる、納得してくれることを第一に受け答えを心がけるようにしました。

前回と同じ声かけをして納得してくれる日もあれば、怒らせてしまう日もあります。うまくいかなかった際には「次からはこんな風に声かけをしてみよう」とか「こんなことを話してみよう」と、反省して声かけのパターンを変えて様子を見ることにします。そうしていろんな声かけのレパートリーを増やして、日々ご利用者と関わっていくのです。ご利用者の言葉に傷つく日もあれば、とっても元気をもらう日もあります。それがこの仕事の面白いところです。

ちなみに金田さんに「お部屋に入ったのが男性職員だったら、彼女じゃなくてなんて言うんですか?」と尋ねると「彼氏~って呼ぶよ」と教えてくれました。でも現在、男性職員もれなく全員「彼女」呼びです。

2018 — 11/29

なつさん、旦那さんとは
どうやって出会いました？

お見合いしただよ

そうですか〜
旦那さん、良い人でした？

いい男だったよ
優しくて そこら辺の
男なんかよりも一番良かった
今でも愛してる

「愛してる」なんて久々に聞きました
なつさん、今 旦那さんと
天国で幸せに暮らしていますか？
どうか 安らかに

# 「愛してる」

旦那さんのことを
話しているときの
なつさんは
とても幸せな女性の
顔をしていました
聞いている私も
なんだか
幸せな気持ちに
なれました
旦那さんとは
無事に
一緒になれたでしょうか
どうか
安らかに、
お幸せに

コラム②
夜勤のお供
夜勤が16時から翌日9時までなので休憩中にご飯とかお菓子をつまみます。このページではそんな「夜勤のお供」事情をご紹介します
さて ちょっとひと息 つくかな
チラ
大塚の夜勤のお供
おにぎり or 菓子パン
さけ
メロンパン
私のタごはん。ササッと食べられるもの。
KAGOME
野菜生活100
キッコーマン
紅茶
野菜ジュース（KAGOME）と紅茶の豆乳（キッコーマン）
この2つは必ず持ってく。夕方に豆乳を、明け方に野菜ジュースを飲みます。
バナナ
夕方かお腹空いたときに食べます。冬はバナナ→ミカンになる。
小分けのお菓子
夜勤でペアになった人におすそ分けしたり、自分でムシャムシャ食べたり。持ってくお菓子はいろいろ。
桃ゼリー
ゼリー
深夜に食べるやつ。これなら罪深くない！
夜勤の食料専用バッグに入れて持って行きます
長時間の夜勤で疲れる中、このお供が私の至福のひとときってやつなのです♡
幸せじゃん
男性の方が意外と食べないかも!!
めちゃめちゃ食べる人もいればお茶のみで乗り切る人など本当に様々です
夏にはアイス、冬にはみそ汁やコーンスープなど季節ごとにお供が変化する人もいます
コーンスープ 10袋
フルーツアイス

# 3章

# 冬

WINTER

2018
12/12

〜

2019
2/23

2018 — 12/12

きく江さん
おまんじゅう
おいしいですか?

おいしいよ
あなたにもあげるで
食べな

私は大丈夫ですよ
きく江さんの
気持ちをもらったから

はははっ
気持ちなんて
どうやってもらうのさ

もう もらいましたよ
ありがとう

「優しさおすそわけ」

おぉおおおい!おおい!
ギョッ
はーやーく
職員
おおおおおい
おーい早く
またかしら
きく江さんは大声でよく叫びます
ひどい時は翌朝まで一睡もしません

こうなってしまうと落ちつかれるまで見守るしかありません
夜までには落ちつくかなぁ
あの人ァ夜もずーっとうるさいよ
ごめんなさい夜は寝れました？
もう慣れた
トロミのお茶作成中
おーいみんな無事かァー
逆にねむくなる
夜勤明け朝
かちゃ
かちゃ
こんな感じなので他ご利用者から苦情が来ることもあります
夜寝ない時が多くて…
眠剤出して様子みてみるか
お願いします
看護師
介護職員
私たちも他のご利用者の迷惑にならないように部屋を替えたりきく江さんが夜に眠れるように工夫したりしています
そんなきく江さんは3人のお子さんを育てた立派なお母さんでもあります

興奮状態のときも
なんだかんだ話はしっかり聞いてもらえます
おーい職員さぁぁあん
呼びましたきく江さん?
あぁやーっと来てくれたお腹すいて死にそうだよ
あらま今おやつ食べたばかりですよ
そんなこと言ったってお腹すいたんだよなんでもいいからちょうだい
えぇ~…強いて言うなら?
バナナかな!!!
バナナは夕食で出ると思いますが違っても恨まないでほしいです
恨むわけないでしょあんたたちにこーんなに良くしてもらってるんだから!!
わーっ
え、あぁそんなどうも…
突然の感謝にとまどい
そしてイライラしてても人への感謝は忘れていません
病気のせいで日常生活が困難になってしまっても
体交クッション
おねがいごとはございません
…なーんて時もあったよなーきく江さん
?
その人の中にある優しさに触れられると「あぁ嬉しいなぁ」としみじみ思います

2018 — 12/18
死んだらみんな
どこへ いくんだろう
何をしてるのかな
そんなことを
よく考えてる

「死んだらみんな」

はっ
アナタ
！
大好きな人の
ところへ
会いに行ったり

やりがいだった仕事をもう一度始めてみたり
今日も元気そうでよかった
生きている人を見守り続けたり
あれ?
あんたもしかしてあそこの老人ホームに居た……
……!!
あー!!隣でごはんを食べてた方か
思い出話に花を咲かせているのではないかと思います
なんてね

2019 — 1/9

今日も寒いですねぇ

てつこさんの帽子
温かそうでいいですね!!

そーだね〜〜

温かいよ〜〜

羨ましいやぁ!
ねぇ和男さん、和男さん
こういう毛糸の帽子
もってます?

おぉ!? いや持ってないし
かぶったことないな

本当?
じゃあ、私が作ったら
かぶってくれますか?

そーだな!
似合うぞ!! 俺は
なんでも似合うからな!

2019 — 1/10

先輩……何してるんですか？

絶対に目を合わせないご利用者
VS
絶対に目を合わせたい介護職員

# 「先輩たち」

私の職場には頼れる先輩が沢山います
ぱりんこ
やさいジュース
その中でも私が最も尊敬する先輩が
ホリエさんです
オムツ交換
移乗、食事の介助
あらゆる仕事が
とにかく速い
ごめんなさい
少し失礼しますよ
ササッ
速いのに
仕事の出来も
ご利用者への対応も
とても丁寧です

それ以外にも係の仕事(掲示物やアルバム用の写真管理など)を複数かけもちしながら
あせらずゆっくりね! 新人だから出来なくて当然だよ
やさぴ!!
新人教育までこなす、若手のバリバリキャリアウーマンなのです
私もホリエさんに仕事を一から教わりました
でも、私が一番すきなところはホリエさんのキャラクターです
ほじほじ
ピーン☆
本人曰く 鼻ほじったら壁になすりつけたり時々食べるとのこと
※たぶんウソです
ボキャブラリーが豊富で名言が沢山出てきます
プンプン
「アタシ雨女だから～」って言う奴キライ!!
砂漠にでも行ってくりゃいいだろが!!!
日めくりカレンダーが作れそうな勢いです
→こっちに小顔の職員
あの子顔ちいさいよね～ シャーペンのとこにある消しゴム並じゃん
んまぁ
私ね
身長、体重、年齢 誕生日は秘密で 家族は愛犬のティアラ(チワワ♀)だけっていう設定
TATE

そして とても ノリが良いです
おおおい みんな無事か!!?
班長!!!
隊長!!!
わっっ
みんな 無事です 生きてます
ノリの良さに ご利用者も 思わず笑って しまう始末
…ふはっ
仕事で嫌なことや 嬉しいことがあったら 話をきいてくださったり
フォローも 沢山してくださって
これは…?
※ホリエさん直筆
この似顔絵が とてもかわいい
ティアラだよ 横顔の口のところが ヘニョってなってるの かわいいでしょ～
こんな先輩方と 一緒に仕事が出来て 私は とっても 楽しいです

2019 — 1/15

手が出たり
暴言が出る内は
華だよって
上司が昔 言ってたけどさ、
全介助になった利用者みて
ほんと そう思うよ

どんな形であれ
自分の意思を伝えられるって
その人らしく生きられてる
証拠なんじゃないかなー。

# 「意思表示」

勤務先の施設には10年以上入所されているご利用者が何名かいます。

そのうちのひとりが初美さんです。初美さんは現在、声かけをすればにっこり笑ってくださるなどの反応はありますが、言葉を話すことはできません。日常生活では食事も排泄も移動も全て介助が必要な方です。介助の際は抵抗もなく比較的穏やかな様子です。手を動かすこともできますが、動かせる範囲がとても限られています。

そんな初美さんですが、10年以上勤務している先輩によれば、昔は歩行もできて排泄もトイレだったそうです。加えて、トイレ介助の際には強い力で襟を摑《つか》まれたり拳《こぶし》が飛んでくるなどの抵抗があって大変だったと話してくれました。私は今の初美さんの状態しか知らないのでそれを聞いてとても驚きました。先輩は初美さんを見ると「昔の暴力があった頃が嘘みたい。今は体力低下で手も出てこないから排泄介助もやりやすいけど、本当は変わらず嫌だと思ってるのかもしれない。それを伝えられるほどの力とか手段が限られちゃってるんだね……」と、少し悲しそうにしていました。

ご利用者からの暴力、暴言は介護の仕事をしているとほとんどの方が経験すると思います。排泄や食事の介助をしていると一部のご利用者から皮膚をつねられたり「バカ」と言われます。顔をめがけて手が伸びてきたこともあります。その方のためだと思ってやっていることなのに、なんでこんなことされなきゃいけないんだろうとモヤモヤとした気持ちになってくるときも少なくありません。

私の職場では、新人職員は*プリセプターの先輩職員と初めの3ヵ月は交換日記をします。勤務中に聞けなかった質問や、不安に思って

＊プリセプター…現場での指導役の職員のこと。詳しくはP196,197「用語解説」へ

いることなどを書いて業務を円滑に進めたりコミュニケーションを図ったりすることが目的です。私は当時、1日の間にいろんなご利用者から怒鳴《どな》られたり叩《たた》かれたりして落ち込んだ時のことを記入しました。後日、先輩からのコメントにこう書いてありました。

「怒るには怒るなりの理由があるので落ち込むこともあるけれど『なんで怒っているのかな』と考えてみてほしい。怒る前に原因があったのかもしれないし、体調が悪かったのかもしれない。人は毎日同じではないし、穏《おだ》やかな日もあれば急に怒ったりする日もある。色々な可能性があるから一歩引いて客観的に観察したり周りの職員から話を聞いたり、たくさんのご利用者とどんどん関わっていってみて」

そんな先輩のアドバイスを受けてから、暴言・暴力に直面すると、「なんでこの人怒ってるんだろう」と理由を考えるようにしています。介助者にとってはその人のためにやっている行為でも、ご利用者にとっては「知らない人に何をされるんだろう」という不安だったり「大きな声で話しかけてきてうるさい。変なところを触られて嫌だ」という不快感の表われでもあります。理由を知ろうとしたり、ご利用者の立場になって考えてみれば介助の方法もまた変わってくるのかなと思います。

介護の世界に飛び込んで、いろんなご利用者と日々関わっていく中で、その人らしさとはなんだろうと考える場面が多々あります。大勢で輪になって歌うことが好きな人、輪から少し離れたところでその様子を見るのが好きな人、ひとりで見えないところで静かに過ごしていたい人。様々な人がいます。意思表示の手段も似ていると思います。暴言・暴力の他にも話し方、表情、身体の動きなど。些細《ささい》なことでも拾っていけたらいいなと思います。

2019 — 1/15

2019 — 1/20

わたし
将来 結婚したいんですけど
出来ますかねぇ……
相手いないですけどね

あんたなら
大丈夫だよ
こんなにいい子なんだから

2019 — 2/4

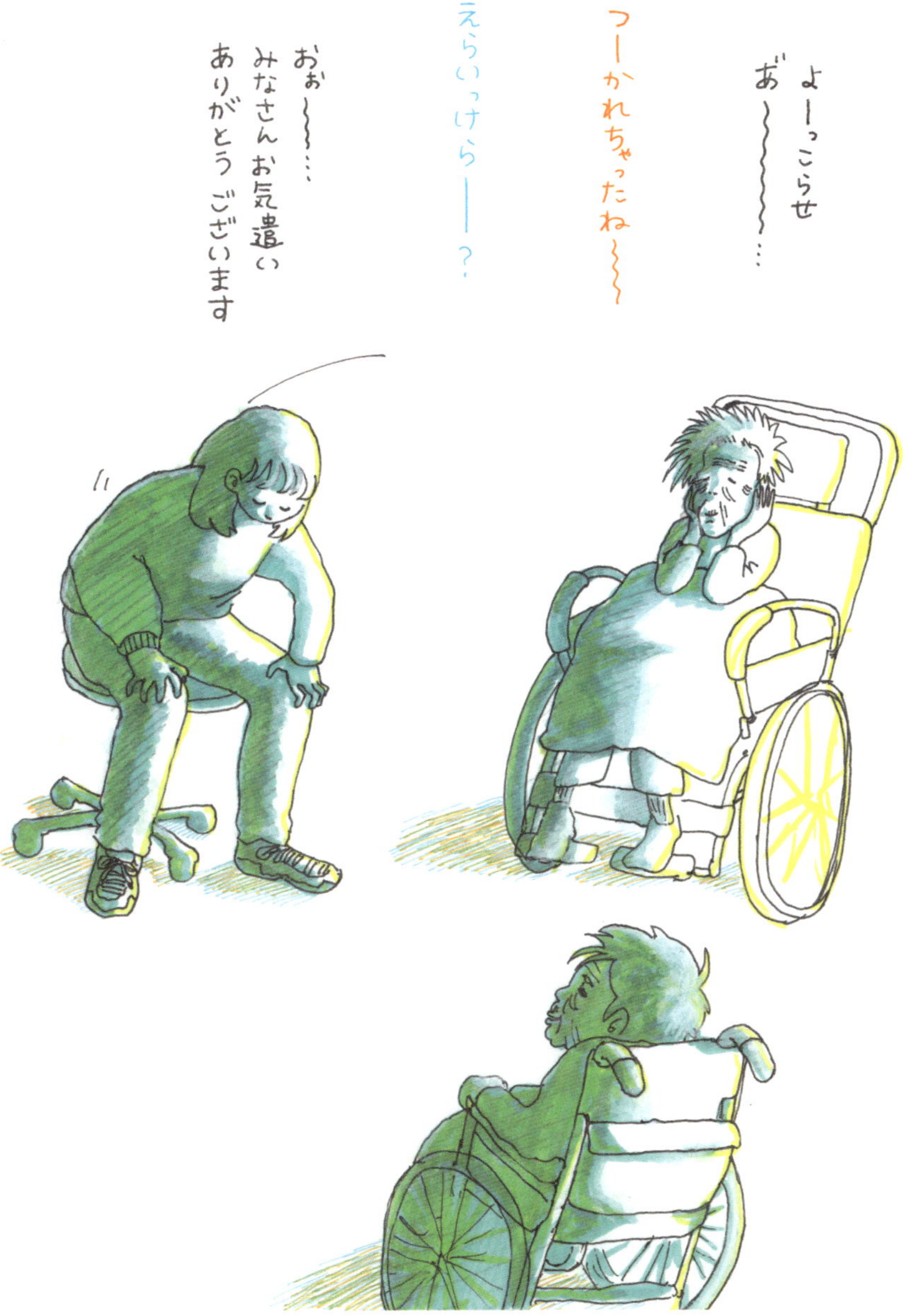

「お気遣い」

そーいえば
この前ね
？
壮絶な
夜勤明けで鼻血が
出たらしい
なんか
頭に違和感…
明けで疲れて
伏せてたらヨシ美さんに
頭をなでられてたよ
よしよし
ポン
ポン
ブフォッ
はっ!!
あれは
ビックリ
したぁ
みなさん
明けにはけっこう
優しいですよね
ヒーッ

2019 – 2/10

良美さん 相談なんですけれど
なんですか？
怒ってる人に対して どう対応したらいいですか？
そーだね～ そーゆー人は放っておくのが 一番だよ
放っとくんですか…？
ええ。気が小さい人ほど怒るし そういう人に一言 言ってごらん。相手は二言三言返ってくるから
(身に覚えがありすぎる…!!)

「わかっていますよ」

2019 — 2 / 10

台所で洗う
ジャー
良美さん
さっきはすみませんでした
これ洗ったので
あの方、視力が弱くて良美さんのコップと間違えて取ってしまったんです
近くに置いた私たちも非がありますし
あの方もけっして悪気はないんです
でも、不快な思いをさせてごめんなさい
……
…わかっていますよ
わざとじゃないってことくらい
ちゃーんとわかっていますよ

良美さん…
ご利用者の優しさや気遣いには何度も何度も助けられています
ただ、それに甘えて職員がするはずの配慮をおろそかにすることはいけません
少し離して置いておこう
いろんな失敗を経て反省し、次に活かして職員みんなでご利用者に安全で充実した生活を送っていただけるようにがんばりたいです

2019 — 2/22

48"ん〜〜〜 49"〜〜 50"〜〜〜

まぁた中村さん数字かぞえてるねぇ

最近よくかぞえてますよね

82"ん〜〜 83"〜〜〜

お、一気に上がった

64"ん〜〜〜 65"〜 66"〜〜

あら下がっちゃった

これまだ4ケタは俺聞いたことないんだよー

私もです！
彼女のゴールは一体どこなんでしょう…

# 「数字」

中村さんの絵日記をSNSに投稿したら
「うちの施設にも数をかぞえてる方います!!」という声がけっこうありました
うちの施設にもいる!
へえ〜
意外だ〜!!
昔農家をやっていた方で野菜などを手作業で袋につめるときに数をかぞえていたので
2〜
3〜
4〜
その名残りかもしれないとのことでした
おもしろ〜い!
中村さんの場合はある日突然数をかぞえ始めたので
128゛〜
120゛〜
ん゛〜
3ケタ!
なんの数だろうかととても不思議に思っています

2019 — 2/23

タカコさーーん
帰りますよーーー
あ、ほんと？
ほんじゃあね
バイバーーーイ
気をつけて
帰ってね〜〜〜
違う違う!!
タカコさんが
家に帰るの!!
あ、そうなの？
やーだ勘違いしちゃった
アッハッハ〜〜〜

「勘違い」

金原さーん!! がんばってこちらまでいらしてくださーい!!
?
やっほー
いや違うんです!! 手ぇを振ってるわけではないんです!!
でもなんだか嬉しい!!!

…勘違い小話…

柴尾さん おトイレは? (行かれますか?の意)
トイレ? トイレはあっちだよ
そうなんです!! 大正解です 柴尾さん!!!
そして ごめんなさい 完全に私の聞き方が悪かったです

# 4章

# 春

SPRING

2019

3/4 ～ 4/26

2019 — 3/4

やよさん、
きいてくださいな

んー？

こないだやよさんと
話したこと、私ね
絵を描くのが得意だもんで
絵に描いてみせたんです。
そしたらみんな褒めてましたよ

へぇ〜〜 そう？

そう。15万人くらいの人たちが

15万人？

ええ。

よーくわかんない数だねぇ

ピンとはこないですよね

# 「ばっ」

それは
とっても突然の
出来事でした

2019 — 3 / 4

ずざーーーッ
ばッ
ば
バウムクーヘン
バレンシアオレンジ
ば
バズりました…

このあと多数の出版社の方に声を掛けていただき
書籍化されこうして皆様のお手元に届いたのです
書籍化!? すごいじゃん!! じゃあアタシマネージャーね!!
えーッ 私もやる～
じゃあ僕も!!
欲深ァ～!!
仕事の中に自分の好きなことを取り入れて、意外な形で夢が叶って
けれど、そうさせてくれる人々との出会いだったり環境のお陰なのでしっかり感謝したいです
本当にありがとうございます
やよさん、知り合いの方からきいたけれど
15万人って甲子園球場の満員数の3倍らしいですよ
ふーーん
ぽか
ぽか
甲子園で高校野球みてみたいです
いいねえ～～～

2019 — 3/7

# 「ひみつの約束」

私は、のぼりさんが苦手でした。

のぼりさんは年齢が70歳と若いですが、食事も排泄も移動も全て介助が必要なご利用者です。以前は歩行器を使えば歩くことも出来たそうですが、持病が悪化し、長い入院生活を経てからは体力が落ちて歩行が出来なくなってしまったそうです。私が入職する少し前に退院したとのことで、パートさんから「のぼりさんは入院する前は歩けていたんだよ～」と聞いて驚きました（それでも移乗するときに両足に力が入って踏ん張る仕草《しぐさ》はあるので、まだご本人も立つ意思はあるかもしれません）。

のぼりさんの第一印象は「真っ白い人だな」でした。のぼりさんは色白で、身体は木の枝みたいに細長くて少し力を加えたら折れてしまうんじゃないかと心配になるほどでした。それでも、移乗の際に腰をあげると背は私よりも頭ひとつ分は高くなるので、新人時代は移乗介助に苦戦した思い出があります。

私がのぼりさんとの関わりで「この人苦手だな…」と感じたことがあります。それは、のぼりさんとコミュニケーションを図るときでした。のぼりさんは日頃、眉間にシワを寄せてムスッとした表情が多く、何か話したかと思うと「飯《めし》はいらんわ」「人のことはどうでもいいだろう！」と否定的な言葉が返ってきたり、急に怒鳴り出すこともありました。私が新人だから関わり方に問題があるのだろうかと思って、他の職員とのぼりさんの様子を観察してみましたが、のぼりさんはいつも不機嫌でした。「もともとこういう人なのかな。…なんか苦手だなぁ」と、のぼりさんと関わることが苦痛に思えていた時期がありました。

入職して半年経った夜勤明けのことでした。朝食が終わり、オムツ交換のためご利用者を居室のベッドへ寝かせていたときのことです。のぼりさんをベッドへ寝かせ、肩が少し出るように布団をかけたところでのぼりさんがボソッとひと言、「一杯やりたいな」と漏らしたのです。私はとても驚きました。初めてのぼりさんから拒絶以外の言葉を聞いたからです。

「のぼりさん、お酒が好きなんですか？」と尋ねると「うん」と返事があったので「じゃあ、こんど私と一杯やりましょうか」と声をかけました。すると、のぼりさんが顔を緩めて「一杯やるかぁ」と答えてくれたのです。何がきっかけだったのかはわかりませんが、のぼりさんとこの時初めて穏やかなやり取りを出来たことと、のぼりさんの好きなことを知れたのが本当に嬉しかったです。

思い返せば私はのぼりさんのことを何も知りませんでした。知ろうともしませんでした。日々拒絶の言葉を発する姿だけを見て「苦手な人」と決めつけていたところがあり、のぼりさんの好きなことやもの、他の職員が知ってるのぼりさんの様子、そしてのぼりさんがどんな人生を送ってきたのかを知る努力が足りなかったのです。

目の前にある情報だけを見ていては人に寄り添うことは出来ないな、と介護職を経験して半年目にして気づきました。

この日を境に、私はのぼりさんと関わる際は「一杯やりましょうか」とこっそり声をかけるようになりました。穏やかに「一杯やるか」と返ってきたり、いたずらっぽく「やなこった〜！」と笑ってくれた日もあります。しかし、ムスッとした表情のまま無言であったり、ゴニョゴニョと怒っていることがほとんどです。それでも、もうのぼりさんに対して「苦手だなぁ」と思うことはなくなりました。

今日も私は、のぼりさんの元へ一杯やる約束をとりつけに行ってきます。

2019 — 3/13

「笑顔の力」

サチヨさんは
とっても
可愛らしい
おばあちゃんです
気付くと
ひとりで
踊っていたり
踊ってる…
サチヨさん
もーもたろさん
ももたろさん
ハイッ

2019 — 3／13

おじ おっこしにつけたっ♪
きびだんご〜〜
耳元で途中まで歌うと続きを歌います
でもいちばん可愛い瞬間が
?
スッ
おねえちゃん
かわいい〜!!
職員を褒めてくださる時の満面の笑みです
にぱあああっ

人生の大先輩に「可愛い」と言うのも失礼にあたるかもしれませんが
ありがとう〜〜
サチヨさんもとーっても可愛いです!!
それで相手が喜んでくださるなら私はどんどん言っていいと思います
ほんわか〜!!
そんなことよりサチヨさんの良さが伝わってほしいし
こんな風に笑顔で人を幸せにできるようになりたいです

2019 — 3/16

うわ!!
すごくキレーイ!!
ふふ、ありがとう
いーつも塗り絵を
してますけれど
飽きたりしないんですか?
飽きないねぇ〜〜〜
こーいうの好きだから
それに塗り絵をしてないと
死ぬときのことばっかり
考えちゃうの

# 「フミさんの塗り絵」

フミさんを見て、生き甲斐について考えさせられました。フミさんは95歳を超えており、日頃車椅子で生活しています。それでも、排泄はトイレでされますし、食事もとても綺麗《きれい》な箸使いで食べています。また、意思疎通も会話もしっかりできる上に「身体のどこが悪いかって？　そりゃあもちろんアナタ、昔っから頭だよ」と、冗談を言っては、身体を小さくしてクスクスと笑う愉快なおばあさんです。

そんなフミさんは、フロアーの端《はじ》っこでいつも塗り絵をして過ごしています。「いつも」というのは、お風呂と食事と排泄と睡眠以外の全ての時間です。車椅子のポケットにはフミさん専用塗り絵セットが常に入っており、いつでもどこでも塗り絵ができるよう準備万端にしています。他のご利用者がレクリエーションで歌っているときも、入浴の待機場所でも、食事が出てくるまでの僅かな時間でも、フミさんはいつも背中を丸めて塗り絵に没頭していました。

そうやって時間を惜しんで毎日塗り絵を続けていることだけでも驚いたのに、さらに驚いたのはフミさんの塗り絵そのものでした。なんとフミさんは、枠が広くて塗りやすい比較的優しい塗り絵ではなく、今話題の「大人の塗り絵」という曼荼羅《まんだら》のように枠が細かく複雑な塗り絵を色鉛筆でひと枠にさらにグラデーションをつけて塗っていたのです。しかも、出来上がった塗り絵は1枚や2枚どころではなく100ページはあろうかという塗り絵の本が、私が見た限り既に3冊分はあったのです。メガネもかけずに塗っていたので、てっきり簡単な塗り絵だと思っていました。

この介護絵日記でフミさんの塗り絵を表現したいと思ったのですが、水切りネットの網みたいに細かいものを自分が塗ると考えたら気が遠くなり、諦めて線を減らして描いたのが、この絵日記のお花などの部分です。それなのに、いざ塗ってみると30分もしないうちに飽きてきたし目もチカチカするので「フミさんはこれを毎日やっていたのか…」と改めてフミさんの凄さを実感しました。

いつ見てもフミさんは塗り絵をしていたので、一度だけ「塗り絵をしてて飽きたりしないですか?」と尋ねたことがあります。フミさんは持っていた赤い色鉛筆を少し浮かせて考える仕草をしたあと「飽きないねえ。やっぱり、こーいう絵を描いたり色を塗ったりするのが好きだから。それに、塗り絵をやめてしまったら死ぬときとかそのあとのことばっかり考えちゃうの」と答え、いつものようにクスクス笑い、また赤い色鉛筆を走らせました。最後の一文がブラックジョークだったのか、本当にそう思っていたのかは今でもわかりません。しかし、塗り絵をしているフミさんの姿は確かに力強く活き活きとしていました。

フミさんは天気が良すぎた真夏の日に亡くなりました。突然高熱が出た上に「目が見えない」と訴えがあり、病院に搬送されました。そのまま入院となりましたが、その後施設に帰ってくることはありませんでした。

あれだけ好きな塗り絵をするほどの元気もなくなり、目も見えなくなってフミさんは真っ暗な視界の中で何を思って過ごしていたのかと考えると、胸のあたりがモヤモヤしてきます。

私にとって絵や漫画を描くことが生き甲斐かと言われたら、本当にそう言い切れるのかと少し自信をなくしてしまいます。もしそれができなくなったら、死ぬときのことを考えるでしょうか。はたまた、絵や漫画を描くことに代わる何かをするのでしょうか。実際にそうなったことがないのでわかりませんが、私が元気で活動できるうちには1枚でも多く絵を描きたいです。

2019 — 3/17

ミサオさん、
23歳のときって
何考えていました？

なーんにも考えたこと
ないねえ

そうなんですか？
私、いま人生について
めちゃくちゃ考えちゃいます

そんなこと
考えなくていーのよ

「ことば」

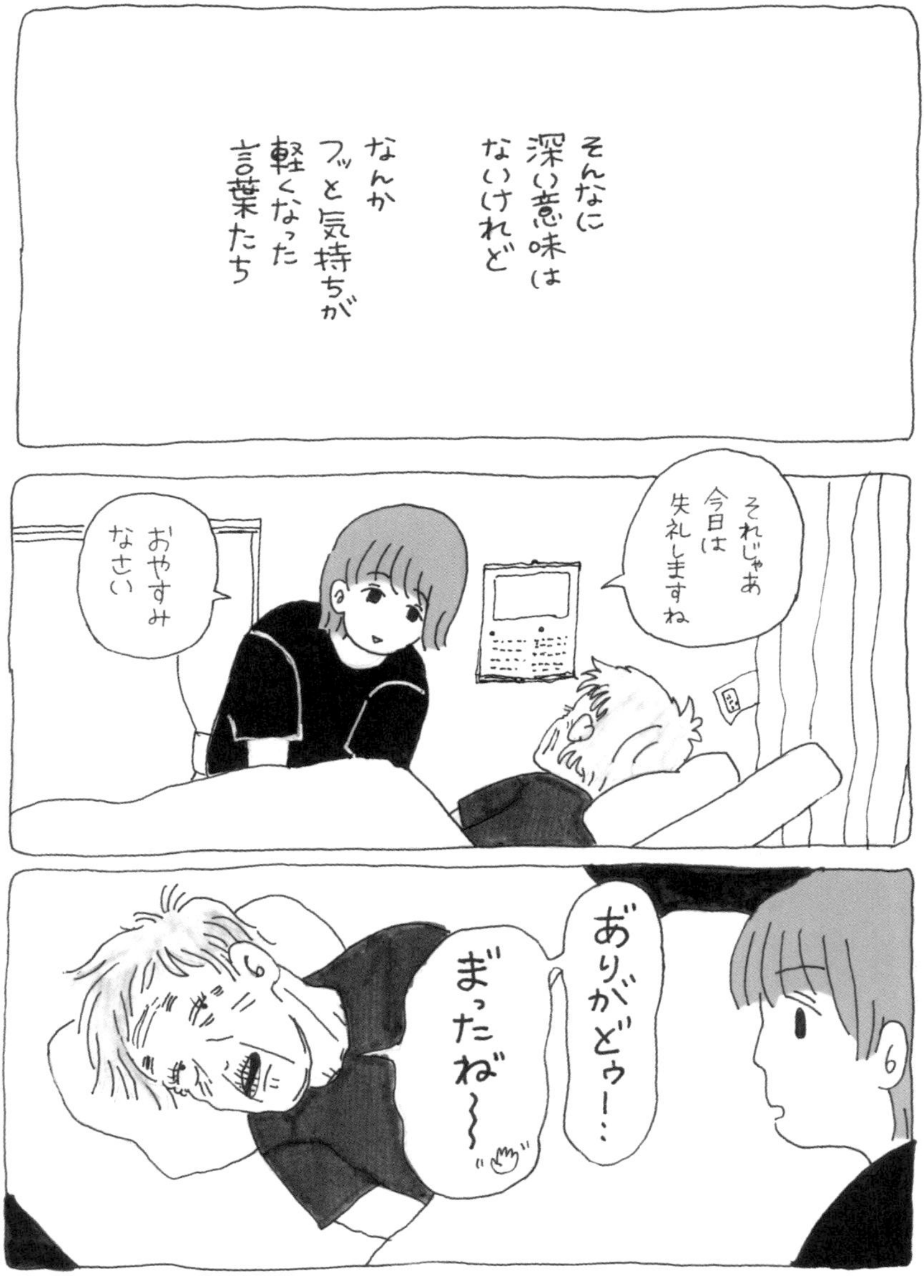
そんなに
深い意味は
ないけれど
なんか
フッと気持ちが
軽くなった
言葉たち
それじゃあ今日は失礼しますね
おやすみなさい
ありがどぅー‥
まったね〜〜

2019 — 3／17

夜の9時
ベラ
ベラ
ベラ
ベラ
え
この方
丸井さんですか?
寝たきり
だったのに
すごく回復してる
ずーーっと
何か
しゃべってるよ
今までの分
とりかえす
いきおいですね…
おいじいね~!!
にこっ
フフッ
夕飯たべたの
だいぶ
前なのに
よほど
おいしかったん
ですね
にっこ
にっこ

2019 — 3 / 17

23歳って
こんなにしんどいの？
仕事も全然慣れなくて失敗ばかり
もう少しで夢が実現しそうなのにつまずいてて進まない
社会人になって友人とも離ればなれになっちゃって
お金はあっても時間がない
あーーあ
ミサオさん 私、いま人生についてめちゃくちゃ考えちゃいます
そんなこと考えなくていいのに！
たぶん そんなに深い意味はない
けど
ちょっと元気になれた気がする

2019 — 3／17

2019 — 3/20

わぁ
ユウコさん
大きな手ぇ!!

うふふ、
そうだねぇ

お仕事とか
されてたんですか?

いろいろやってたよ~
魚屋も、編み物も
子育ても料理も。

そうなんですね
じゃあ働き者の
立派な手ですね!!

「て」

自分の容姿にあまり自信がありませんが
唯一「手」は好きだなぁと思っています
こぢんまり
女性らしい形ではないですが白くて小さめなところが気に入ってます
そんな手をご利用者はうんと褒めてくださいます
おやあんたかわいい手だねぇ
ありがとうございます
とても嬉しい

…小さい手ってよく言われますけれど
それがけっこう気に入ってるんです
そーかえ？どれ
ス
ッ
おわぁ
いやぁ〜〜〜 ※みんるい手ぇしてるね〜〜〜
ユウコさんの手はぶ厚くて、ゴワゴワしていて、私よりひとまわり大きかったです
※みるい…やわらかい、幼いの意。
そしてとっても温かくて頼もしくて優しい手だと思いました

2019 — 3 / 20

2019 — 3/22

きれいな最期だったよ
涙ひとすじ流して
亡くなってったの

看護師さんから
聞いた
テツハルさんの
今際

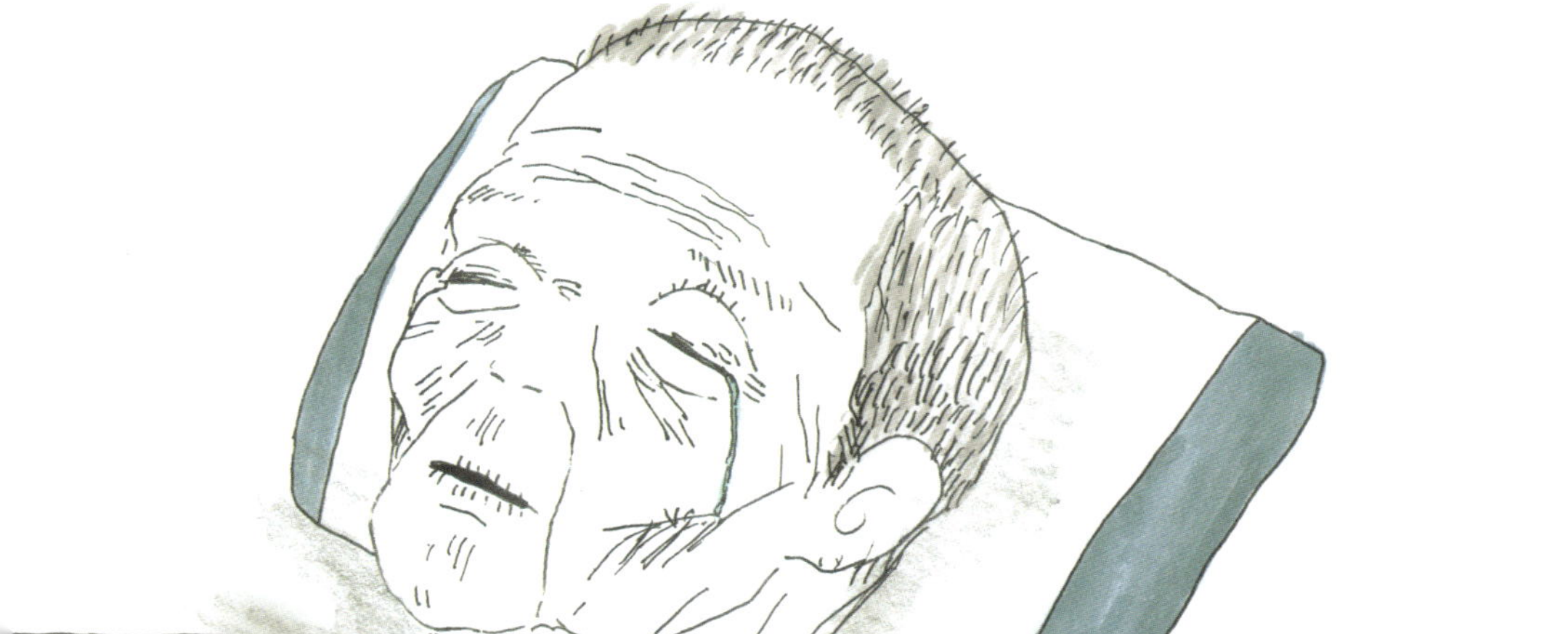

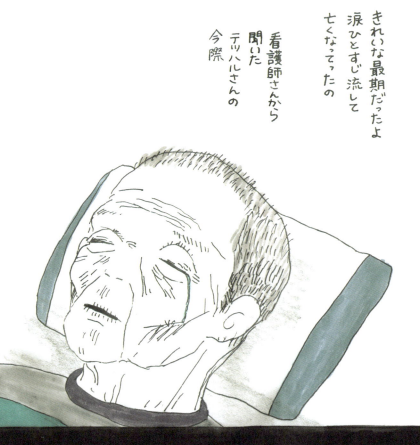

「続・テツハルさんへ」

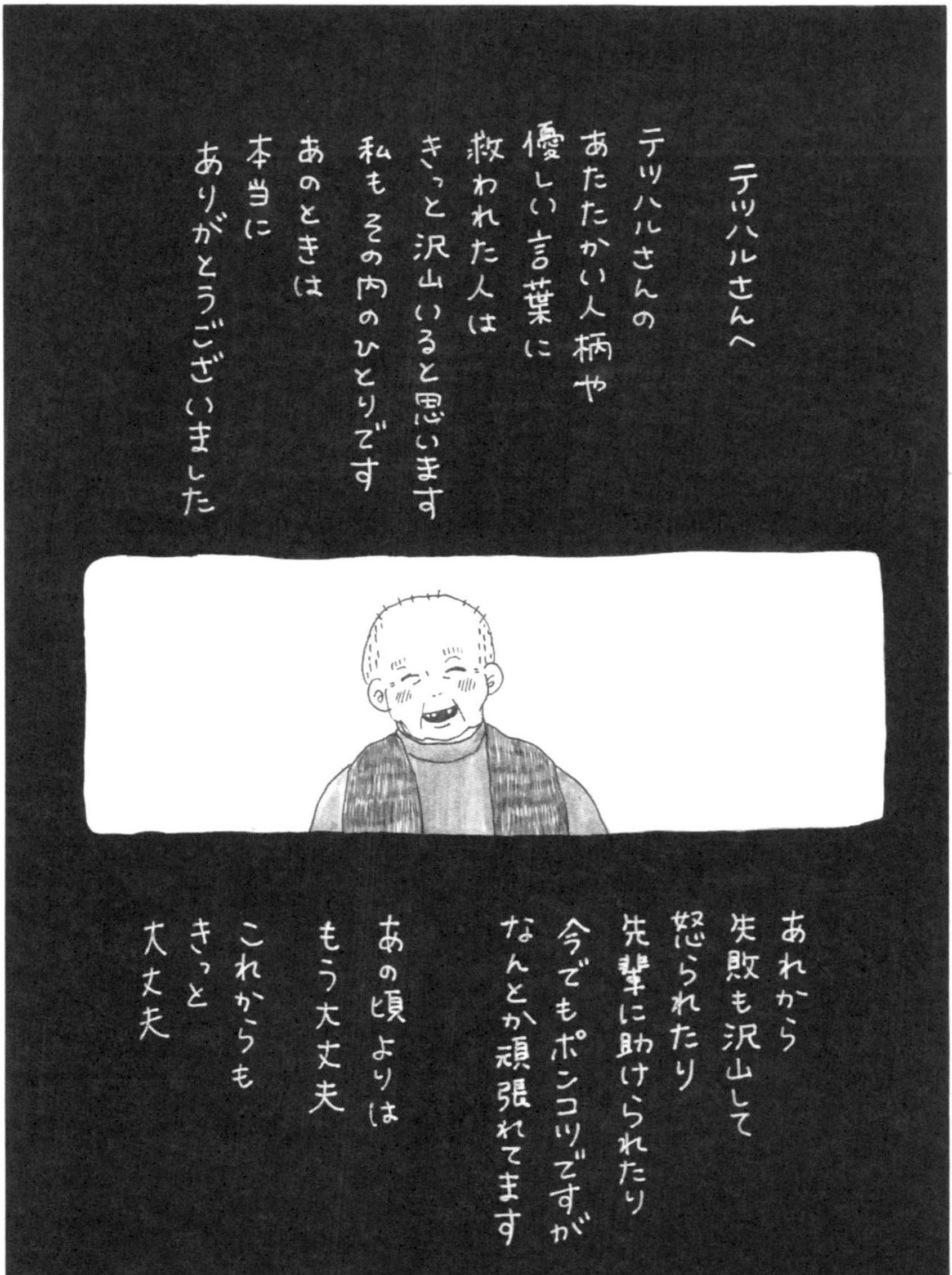
テツハルさんへ
テツハルさんの
あたたかい人柄や
優しい言葉に
救われた人は
きっと沢山いると思います
私もその内のひとりです
あのときは
本当に
ありがとうございました
あれから
失敗も沢山して
怒られたり
先輩に助けられたり
今でもポンコツですが
なんとか頑張れてます
あの頃よりは
もう大丈夫
これからも
きっと
大丈夫

なんか今日の夜勤つかれちゃった…
あのね 絶ッッ対に がんばりすぎは ダメ!!
自分の身体がいちばん大事なんだから
上手に手をぬけるとこはぬいて適当に仕事をするのよ!!
ビシッ
2019.4.10
大塚紗瑛

2019 — 4／6

2019 — 4/7

しんこさん、モトコさん
またタオルたたむの
お願いしてもいいですか？

いいよ、持ってきな
あんたたちは他の仕事
あるだろうし、
私たちもまだ
起きてるから、ね？

そうだよ～
たたんであげるで
こっちは任せてね

ありがとう
…本当は嫌とか
ないですか…??

そんなことないよ～
むしろ嬉しいくらいだよ
楽しいもん

「要らぬ心配」

仕事が来たぞ〜〜!!!
タオルなどの簡単な洗濯物をたたむ仕事を皆様積極的に手伝ってくださいます
うおお!!
うおお!!
タオル戦争を見守る職員
……
こうした手を使う作業をすることでリハビリにもなり気分転換にもなり
人によっては「私は必要とされてる!!」という自己肯定感にもなってくるのです
黙々…

と、いうのが職員側の見解
ご利用者が本当のところどう思っているのか心配していた時期がありました
あの〜〜みなさま？
本当は無理してやっているとかないですか？
大丈夫ですか？
イヤか？
ううん
そんなことないよ〜!!

もう これは私らの仕事だからね!
これをいーーっつも楽しみにしてるだよー!!
あんたっちも他に仕事があるんだろう?
助け合うのはお互いさまだよ〜〜!!
頼もしいんだから
どうやら要らない心配だったみたいです
でも中には「やらない」「やりたくない」という方もいるので気にかけることは忘れません!

2019 — 4/9

# 「好きなところ」

自慢じゃないですが私はどんなご利用者にも必ずひとつは好きなところがあります
きゃー かわいい アザラシちゃん
笑顔がステキとか
にこっ
返事がとても元気とか
はいっ!!
おぉ
ご利用者自身が動作をする時のかけ声とか
よーいせーの
どっこいせ
職員やほかのご利用者を気にかけてくださるとか
ねーさん お茶 くれ~
おばさん コップを
あら
本当にちょっとしたことですが
アザラシちゃん みせて くださーい
いいよ こっちおいで~
好きなところをみつけるともっともっとご利用者と関わってみたくなるのです

という話を
ほかの職員や
他職種の方と話すと
けっこう共感される
ことがあります
わかる〜!!!
ねっ!!
そして、その人がみつけた
ご利用者の
好きなところや
笑ってしまった話など
色々聞けたりします
中には
「ちょっと苦手」と思っていた
ご利用者の
ほかの職員がみつけた
好きなところの話を
聞くこともあります
そういえば
山村和吉さんが〜
わっ
100人近いご利用者と
接していると、
好きなところが
あっても、やっぱり
苦手だ〜と思う方が
いるのも
私の正直な気持ちです

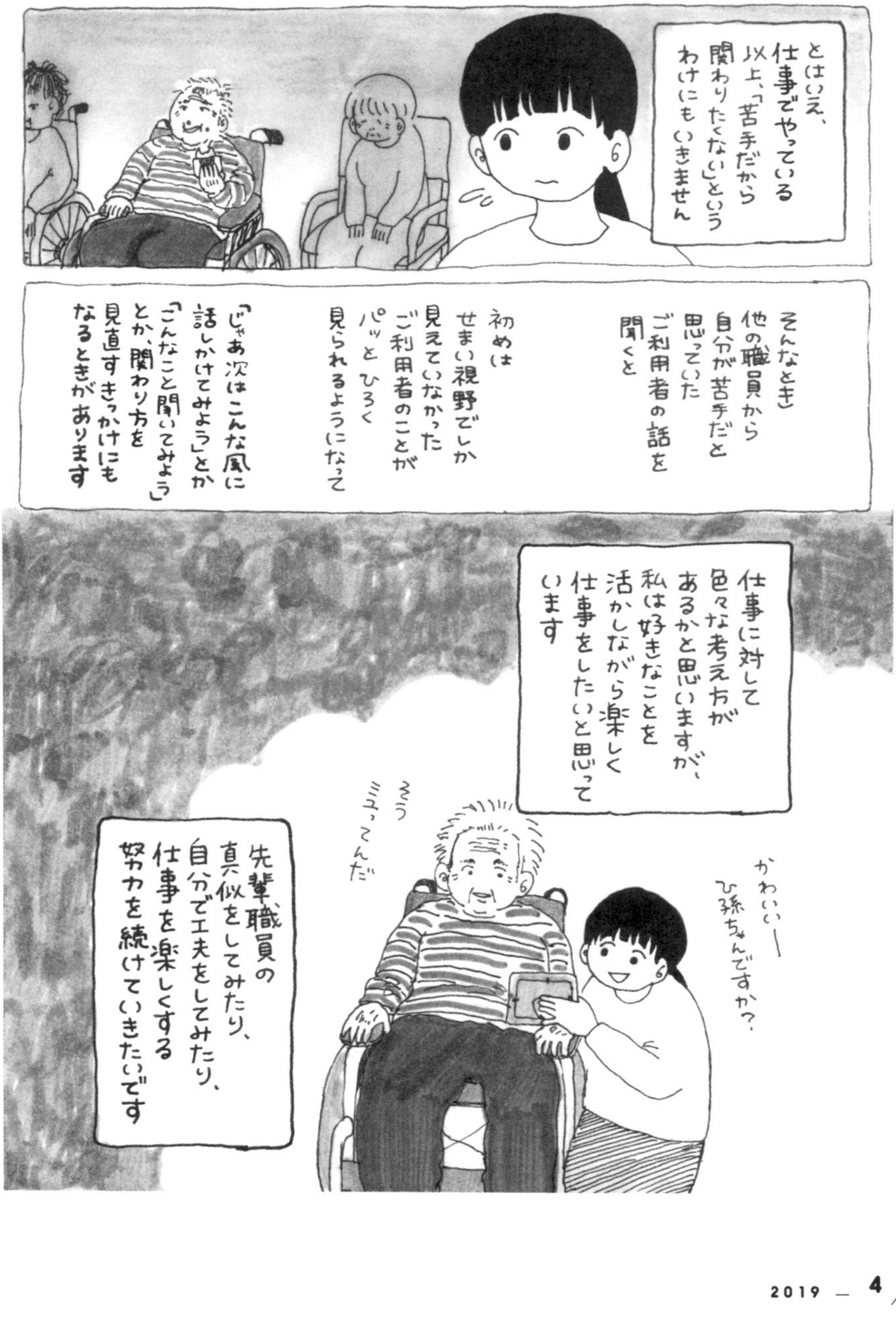
とはいえ、仕事でやっている以上、「苦手だから関わりたくない」というわけにもいきません
そんなとき他の職員から自分が苦手だと思っていたご利用者の話を聞くと
初めはせまい視野でしか見えていなかったご利用者のことがパッとひろく見られるようになって
「じゃあ次はこんな風に話しかけてみよう」とか「こんなこと聞いてみよう」とか、関わり方を見直すきっかけにもなるときがあります
仕事に対して色々な考え方があるかと思いますが、私は好きなことを活かしながら楽しく仕事をしたいと思っています
かわいい〜 ひ孫ちゃんですか？
そう ミユってんだ
先輩職員の真似をしてみたり、自分で工夫をしてみたり、仕事を楽しくする努力を続けていきたいです

2019 — 4/17

マーちゃあぁん!!!
マーちゃあぁん!!!
はいはい?
はいはい?
そ、そこに居るよ
そ、そこに居るよ
やめてくれ
やめてくれ
深夜2時。何か居る。らしい。
深夜2時。何か居る。らしい

「そこにいるよ」

2019 — 4／17

てなわけで夜勤がんばって
おつかれさまでーす
大丈夫大丈夫
わたし霊感ないし?
居たとしてもきっと気付かない
ぬっ
うぉあああああぁ(小声)
?
ってヨシアキさんか〜〜〜い!!
トイレへ行くのね!!

2019 — 4/17

にゃー
ほ～らね!! 大したことないじゃない
にゃー
こんなもんよ 怖い話なんて
ヒサコさん おやすみなさい～～
マーちゃん
シュッ
あ
スッ
ピ
あそこに居るよ
※現在午前2時
ドドドド
ヒサコさん 一体なにが見えているんですかァ??

2019 — 4/19

# 「気分」

↙朝ごはん時は とても ヘロヘロな 夜勤明け
ごはん 牛乳 サラダ みかん
おはよーございます
おつかれさまでーす
おはよう…
もうすぐ朝ごはん出るよ
夜勤明け
先輩疲れてるなあ
はーい
あら
こちらは今めーっちゃ機嫌わるいな
輝美さんはその時の気分がめちゃくちゃ顔に出やすいです
ですが
輝美さーん
ちら
おはようございます
!
あいさつをすると70%くらいの確率でこの表情
誰が声を掛けてもパッと表情が明るくなりますがやっぱり嬉しいです
ハッ
ハッ
ぱあああ
あああ
ちなみに機嫌が直らない日もあります
そのときのショックはでかい…
来んなっ
ガーン

あッ ごめん足ふんだ
んーん大丈夫! ちょっと骨にヒビが入ったぐらい
ほんとー? それならすぐ治るからよかった安心した
目の前でなんておそろしい会話をしてるんだと震えた。
ベテラン職員の余裕なのか……
※普段はめっちゃ仕事できるし頼りになるし優しいです。面白すぎるだけ
2019.4.27
大塚紗瑛

2019 — 4/21

こんにちは
主人がいつもお世話になってます
ごめんなさいね、お忙しいときに
来ちゃって

こんにちは～
ご面会ありがとう
ございました

いいえ～とんでもないです
奥さまが来てくださって
敏夫さんも喜んでますよ

あぁーよかった
すみませんね
……本当はあんまり頻繁に
来ないほうが良いかもしれないし
私も身体わるくしちゃったから
実は来るのも大変なんです

あ……そうですか……

でもね、やっぱ主人がこうして
嬉しそうな顔してるのを見ると
自分も来られるうちに
会いに行かなくちゃって思うんです

# 「ご家族の気持ち」

私が働く施設では、ご家族面会を出来る時間を設けています。インフルエンザなどの感染症が流行する時期は面会を控えていますが、基本的には朝9時から夕方の6時頃まで毎日面会をすることが出来ます。土日になると仕事が休みになるご家族の方が多いため、小さな子どもの声が面会場所から聞こえてくることもよくあります。年末や元日には約3〜4組が座ってゆっくり過ごせる面会場所が満員になってしまい、現場から机を持ってこないと足りないほど人で溢れかえっています。フロアーから面会場所までのご利用者の行き来は介護職員がおこなうので、面会が終わったご利用者の迎えに行くととても晴れやかな顔をしているのを見られることも多いです。

まだ肌寒い日が続いていた4月。面会場所からの呼び鈴が鳴ったので、足早に向かいました。面会を終えるご家族は、面会場所にある職員呼び出しのボタンを押して職員を呼ぶことになっているのです。

面会場所へ行くと敏夫さんと敏夫さんの奥さまが2人で待っていました。平日の16時とあって面会に来るピークの14時を過ぎていたので、ここに居たのは敏夫さん夫妻だけでした。私が挨拶をすると、奥さまはマスク越しでも十分に伝わる柔らかい笑みを浮かべながら「主人がいつもお世話になっています」と丁寧に挨拶を返してくれました。

私はご家族の方と顔を合わせるといつも緊張してしまいます。ご利用者と違って毎日顔を合わせているわけではないので、ご家族がどんな雰囲気の方なのか、私自身もどんな調子で接したらいいのか、わからなくて戸惑ってしまうのです（ご利用者の日頃の様子を伝える際や、足りない衣類などの依頼をするときも声が上《うわ》ずってしまいます)。こんなとき、初対面の方と毎日笑顔で接している接客業などの他職種の人が本当にすごいなぁと尊敬してしまいます。

「じゃあ帰るからね」と、奥さまが敏夫さんに声をかけると「おう……気をつけてな!」と敏夫さんも奥さまに一言返しました。「あぁ敏夫さんは、奥さまにはそんな風に気遣いの一言をかけられる人だったんだ」と、私は敏夫さん夫妻のやり取りに内心驚いていました。というのも、施設で過ごしているときの敏夫さんは話しかけると笑顔を見せてくれることもあり比較的穏やかですが、誰かを気遣う姿を見たことがなかったからです。些細なやり取りしか見ていませんが、やはりご家族にはかなわないなぁと未熟な介護職員は生意気ながらに思いました。

　敏夫さんの奥さまはとても丁寧な方でした。「お忙しいところに来てしまってごめんなさいね」と、小さく頭を下げたので、私も慌《あわ》てて「とんでもないです! 来てくださって敏夫さんも嬉しかったと思いますよ」と言いました。奥さまは私の言葉を聞いて「あぁよかった～」と安心した様子でした。咄嗟《とっさ》に出てきた言葉にしては良いことを言えたなと思いました。これなら私もこれからもう少しご家族と緊張せずに会話ができそうです。

　続けて奥さまは、眉を少し下げて苦笑いをしながら「……実は私も体調を崩して手術をしたんです。そのときに悪い臓器をとってしまったので、本当はここへ来るのも大変なんですよ」と話しました。よく見ると身体を少し前へ倒していて、会話の間の呼吸もほかの人に比べて1回1回深く繰り返しているような気がしました。

　それを聞いた私は驚いたり奥さまの容体が心配になったりで、頭の中が混乱してしまい「え!? あ………そうですか……」という言葉しか出てきませんでした。

前言撤回。私はまだまだ、ご家族に対して余裕を持ってお話出来そうにありません。何が「そうですか」だよ。もっと他に言うことがあったでしょうがとひとりで悶々《もんもん》としていると、奥さまが「でもね」と敏夫さんの顔を見ながら言いました。

「こうして主人と会って主人の嬉しそうな顔を見ると、自分も来られるうちに会いに行かなくちゃって思うんですよ」

ありがとうございました、と奥さまはゆっくり歩いて面会場を後にしました。いつもはご利用者さまとお見送りをするときは笑顔を心がけていますが、このときは「お気をつけて」と言うだけでいっぱいでした。

面会の頻度はご家族によって様々です。毎日来る方は稀《まれ》ですが毎週末欠かさず来る方、ご家族内で都合がついた日に大勢で会いに来る方、1日に同じご利用者に代わる代わる会いに来る方もいます。中にはご家族ではなく、仲の良いご友人が来ることもあります。

しかし、すべてのご利用者のご家族がこうして面会に来るかと言われるとそうではありません。様々な事情や心境があって面会に来られないご家族も少なからずいるのです。

実は、私自身も施設に祖父（父方）を預けているので、利用者家族という立場でもあります。祖父の面会には父ではなく母と2人で行くことが多いです。私が特に用事もない休日で、祖母がデイサービスに行き、母も用事がなく身動きがとれる状態など都合を合わせて行くので、頻度にして半年に1回くらいです（母単独では多分3ヵ月に1回くらいの頻度で行っています）。

祖父は今、寝たきりの状態なので面会に行くと目を閉じて眠っていたり、起きていても意思疎通が困難なので会話をすることはほとんどありません。声をかけるとたまに「おぉ」とか「あぁ」とか反応があるものの、言葉の意味も私のことも多分理解していません。

「家にいた頃とは随分変わってしまったなぁ」と、その変わり様を見て悲しく思いますが、髪が短くなっていると「あ、髪の毛切ってもらったんだ！　さっぱりしてていいね」なんて言って喜ぶこともあります。先日は可愛い犬の絵がプリントされたタオルケットを使っているのを見て「おじいさん、犬のタオルケット使ってるの！　可愛いじゃん！」と、持ち物を褒めたこともあります。祖父から言葉が返ってくることはありませんが、それでも面会が終わると会えてよかったと思うこともあるのです。

母が何度か父に「お義父さんに会いに行ったら？」と言いますが、父は祖父が入所してからほとんど会いに行っていません。一度だけ祖父が肺炎で入院した際に私と2人で書類を病院に提出しがてら面会に行きました。私がベッドまで行って話しかけている一方で（この時もほとんど返事はない状態でした）、父は病室の入り口からそっとその様子を見ているだけでした。しかも、身体がほとんど隠れているので祖父からは父の姿はほぼ見えません。「さぁ娘ちゃん、帰るよ」と入り口から聞こえたので、慌てて祖父に「また来るね」と行って病室を出ました。5分、いえ、3分もその場にいなかったと思います。顔くらい見せてあげればいいのに、と思ったのですが逃げるように病院を出る父を見て何も言えませんでした。

その時の様子を母に話したのですが、母曰く「元気な時の面影があまりにもなくなっちゃったから、実の子どもながらに見たくないっていうのがあるんじゃないの」ということでした。父と直接そのことについて話していないので本当のところはわかりませんが、その理由はなんとなくわかる気がしました。

ご家族によって会いに来られない理由は様々あると思います。私の想像には及ばない深い事情を持っている方もいると思います。なので、簡単に「会いに来ればいいのに」なんて言うことはできません。

ただ、介護職員の立場としてお伝え出来ることは少しあると思います。それは、ご家族と面会を終えたあとのご利用者の様子です。面会を終えたご利用者がフロアーに戻ると「今日は孫も来てくれてな……」と、職員に嬉しそうに教えてくれることも少なくありません。会話が出来ないご利用者でも、面会前より表情がパッと明るくなっていたり、逆にご家族が帰られてから不穏になるなど何かしら変化が見られることもあります。そんなご利用者の変化に職員も驚いたり、喜びを共有したり、「ご家族の存在はすごいなぁ」と改めて思うこともあるのです。

そして利用者家族として。私も頻繁に面会に行っているわけではありませんが、私たち家族に会ったことで祖父の中で何か少しでも変化があればいいなと思うばかりです。

予知夢
あたしはね 今日あんたが 結婚する夢みたよ！
背が高くて イケメンで 歯医者やってる 若い子だったよ!!
ある日、ヤスエさんが朝一番に言った言葉。
背が高くてイケメンで歯医者やってる若い方、お待ちしています。

おウチ
あんた ウチはどこ？
○○です ウメ子さんは？
あたしはね とーおく島。 大山神社の お宮さんの傍！
家の説明をするときは必ずこのフレーズだったウメ子さん。数分後には忘れてまた同じやりとりをします。職員はみんなこのフレーズを覚えてしまいました。

命の手
ほーら お姉さん みてごらん
私の命の手 ちり紙ん 釣れた 釣れた
ハハッ
INUI
巣山さんの中では孫の手＝命の手らしい。
遠くにある物くらい取るのにな…と
思いつつ笑ってしまった出来事。

お祈り

ふと見ると手を組んで お祈りのポーズを
してる鐘大さん。「なーんにも願っちゃいないよ」とのことでした。

ENGLISH

オムツ交換がおわると
「OK?」と確認するコズエさん。
意外と英語を使う方が多くて驚きました。

母の日

畑田さんはお花が好きで 母の日になると 子どもさんから
贈られるカーネーションを見ては とても喜んでいました。
「お姉さん見てごらん。つぼみが開きそうだよ」「起きたら花が
咲いてたよ! キレイだねぃ!」と教えてくれました。

2019 — 4/26

キイチさん見てください
今日は子どもたちが
来てるんですよ

お〜本当だねぇ
キイチさんは子ども好き？

好きだよ
かわいいなぁ〜

ね〜〜！
キイチさんと90歳くらい
離れてますよね
そう考えるとすごいです

そうだなぁ
不思議だなぁ人生って

# 「人生というもの」

2019 — 4／26

# おわりに

介護の仕事と両立させながら絵日記を描き続けて、1年以上が経ちました。

出版するにあたって、絵日記の内容をより伝わりやすくするためにそれぞれの日記にまつわるエピソードを書（描）いてみました。エピソードを書（描）いていた際に、ご利用者とのやり取りを思い出してはクスッと笑ったり、プリセプターの先輩職員との交換日記を読み返して不安いっぱいの状況でどんなことを思っていたのか、自分自身を振り返っていました。

仕事に慣れてきた今、改めて絵日記を読み返してみると、「未熟なりにも必死に仕事に向き合おうとしていたんだな」と感じます。また私自身も曖昧に理解していた介護の専門的なことを人に尋ねながら、助けてもらいながら、改めて勉強するいい機会になったなぁと思います。

自分の介護に対する考え方とか、技術だったりとか、長く勤めている介護職員の方からすればダメなところ、未熟なところがたくさんあると思います。人によっては綺麗事に見えることもあるかもしれない。呑気なことを言っていると思われるかもしれない。こんな考え方はおかしいと思う場面もあるかもしれない。

すべての人に共感されることはないとわかっているし、自分のことを「いい介護職員」だなんて思ってません。そんな私ですが、だからこそ見えたもの、足掻《あが》いたあとを形にしました。

私がいちばん辛いと思うことは「興味を持たれないこと」です。

この本を読んで何か考えていただけたら、感じていただけたら、とっても嬉しいです。

最後に、絵日記を本にする機会を設けてくださり一緒に試行錯誤してくださった祥伝社の伊藤さん。日々お世話になっている職場の方々。そして、毎日いろんな気づきと楽しい時間を与えてくださるご利用者さまたちに心から感謝しております。ありがとうございました。

二〇一九、一〇、二一

大塚紗瑛

# 「みつけたこと」

ただいマフィン
おかえりんごあめ
娘よ喜びたまえ
ケーキが半額だったので買ってきたのだ
冷蔵庫にあるよん
でぇ〜!!!
やった〜!! さすが母♡
ありがとう納豆 蕗の薹
あら
ずいぶん渋いチョイスだねぇ
…実はね
私が老人ホームでみつけたことなんだよ

あんたっちには
本当に
世話んなってるよ
ありがとう
ありがとう
納豆
蕗《ふき》の薹《とう》

大塚 紗瑛

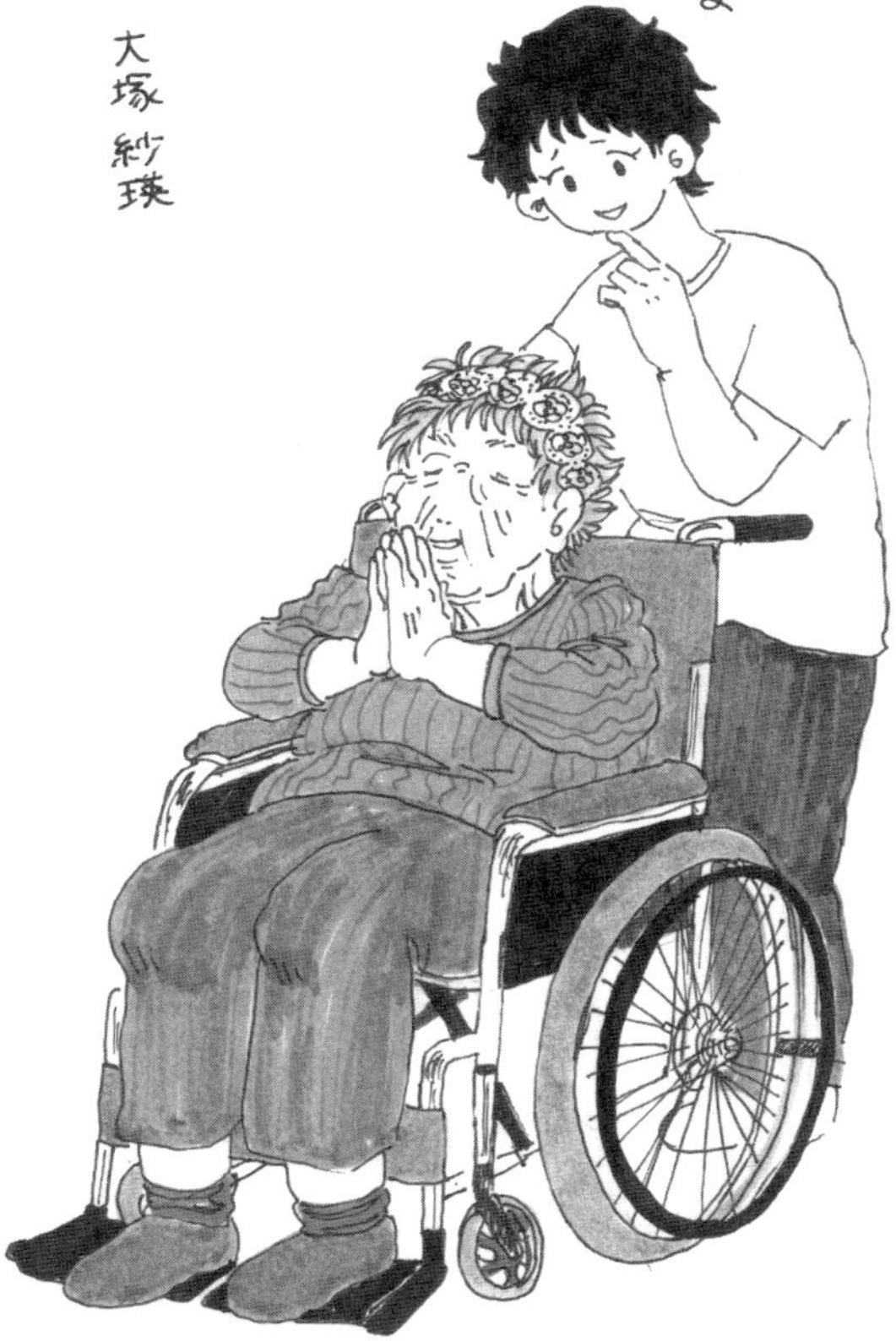

④ 介護医療院

長期医療の機能を備えた施設で主に長期にわたり療養が必要な方が利用できます。医療と介護が一体的に受けることができます。※2024年3月末に廃止が予定されている介護療養型医療施設の転換先と位置付けられています。

＊①〜④の施設は誰でも入所できる訳ではなく、介護認定で要介護1〜5と認知された方が対象とされています。

## 機能訓練指導員 (P062)

介護保険事業における職種名のことでご利用者一人ひとりの心身の状態に合わせて機能訓練（手足を曲げるなどの身体を動かしたりする）を行ない、出来る限り自分で身の回りのことが出来るように支援する役割があります。定められた資格要件を満たしている人（看護師、准看護師、理学療法士、作業療法士、鍼灸師など）が就くことができます。老人ホームでは機能訓練計画に基づきながらそれぞれの持ち味を活かして機能訓練を行なっていきます

## 夜勤の職員配置基準 (P084)

介護現場において夜勤の職員配置の基準は以下のように国から定められています。

| 利用者定員 | 職員 |
|---|---|
| 25名 | 1名 |
| 60名 | 2名 |
| 80名 | 3名 |
| 100名 | 4名 |
| 以下25名ずつに1名配置 | |

＊上記は従来型施設の場合。ユニット型施設の場合は2ユニットごとに1名。

## プリセプター制度 (P128)

新人職員1人ひとりに担当の先輩職員がついてマンツーマンで指導を行なう教育方法（シフト勤務の関係で2人の先輩職員がつくこともあります）。1人の職員から業務を教わるので統一して覚えられたり、職場で信頼関係を築きやすいなどのメリットがあります。

# ちょこっと用語解説

## 介護保険サービス

介護保険で受けられるサービスには自宅を中心に利用する「居宅サービス」、介護保険施設に入所して受ける「施設サービス」などの様々な種類があり、家族や本人の希望に合わせてサービスを選ぶことができます。

## 施設サービス（P006）

施設サービスには特別養護老人ホーム（別名：介護老人福祉施設）、介護老人保健施設など主に4つの種類があり、どのような介護が必要かによって入所する施設が変わっていきます。

### ① 特別養護老人ホーム（介護老人福祉施設）

生活介護が中心の施設で、常に介護が必要で自宅での生活が困難な方が利用できます。食事・入浴・排泄などの日常生活支援や健康管理が受けられます。また、家族が希望すれば終末まで対応することができます。

### ② 介護老人保健施設

介護やリハビリが中心の施設。病状が安定しリハビリに重点をおいた介護が必要な方が利用します。最終的には家庭への復帰を目指します。医学的な管理のもとで介護や看護、リハビリを受けることができます。

### ③ 介護療養型医療施設

医療が中心の施設。急性期の治療が終わり、長期間にわたり療養が必要な方が利用できます。介護職員が手厚く配置された医療施設で、医療、看護、介護、リハビリなどが受けられます。

＊本書で紹介している制度・サービスなどは、
すべて2019年10月現在のものです。

本書に掲載されている各エピソードは、
著者本人の実体験を基に主観的に描いております。
本書に登場する人物は仮名です。
また、個人が特定されないように配慮をしている点等をご理解ください。

おまけ
今年の新入職員
今年は新入職員いるんですかー？
いるよ〜 高卒で男の子が一人きてくれるよ
いえ〜〜い!! ありがた〜〜〜い!!!
後日
あのね 今度入ってくる新人さんだけど…
エッ もしや辞退するとか…？
ドキ
ドキ
本当は4月に入職予定のところを
まむしに噛まれて治療するから8月に延期になったってさ
まむしに噛まれた!!?
入職前から伝説をつくりあげた今年の新人職員に職場がザワつきました
今はとっても元気です
おつかれさまで〜〜す

# 老人《ろうじん》ホームに恋《こい》してる。

## 介護職《かいごしょく》1年生《いちねんせい》のめくるめく日常《にちじょう》

令和元年12月10日　初版第1刷発行

著　者　大塚紗瑛《おおつかさえ》

発行者　辻浩明《つじひろあき》

発行所　祥伝社《しょうでんしゃ》

〒101-8701
東京都千代田区神田神保町3-3
03(3265)2081（販売部）
03(3265)1084（編集部）
03(3265)3622（業務部）

印　刷　図書印刷

製　本　ナショナル製本

装　丁　荻原佐織（PASSAGE）

挿　画　大塚紗瑛

ISBN978-4-396-61713-4 C0095

Printed in Japan

祥伝社のホームページ　www.shodensha.co.jp